정치평론 1953~1993

Écrits politiques 1953~1993

모리스 블랑쇼 Maurice Blanchot, 1907~2003 | 젊은 시절 몇 년간 저널리스트로 활동한 것 이외에는 평생 모든 공식 활동으로부터 물러나 글쓰기에 전념하였다. 작가이자 사상가로서 철학·문학비평·소설의 영역에서 방대한 양의 글을 남겼다. 문학의 영역에서는 말라르메를 전후로 하는 거의 모든 전위적 문학의 흐름에 대해 깊고 독창적인 성찰을 보여 주었고, 또한 후기에는 철학적 시론과 픽션의 경계를 뛰어넘는 독특한 스타일의 문학작품을 창조했다. 철학의 영역에서 그는 존재의 한계·부재에 대한 급진적 사유를 대변하고 있으며, 한 세대 이후의 여러 사상가들에게 큰 영향을 주는 동시에 그들과 적지 않은 점에서 여러 문제들을 공유하였다. 주요 저서로 『토마 알 수 없는 자』, 『죽음의 선고』, 『원하던 순간에』, 『문학의 공간』, 『다가올 책』, 『무한한 대화』, 『우정』, 『저 너머로의 발걸음』, 『카오스의 글쓰기』, 『나의 죽음의 순간』 등이 있다.

옮긴이 고재정 | 서울대학교 사범대학 불어교육과를 졸업하고, 프로방스 대학교에서 누보 로망 연구로 석사학위를 받았다. 파리-낭테르 대학교에서 모리스 블랑쇼 연구로 박사학위를 받았으며, 현재 관동대학교 프랑스문화학과 교수로 재직 중이다. 논문으로 「모리스 블랑쇼와 마르그리트 뒤라스」, 「모리스 블랑쇼와 공동체의 사유」 등이 있고, 옮긴 책으로는 『20세기를 벗어나기 위하여』, 『타키니아의 작은 말들』, 『플라톤은 아팠다』가 있다.

Écrits politiques 1953~1993 by Maurice Blanchot

Copyright © Éditions Gallimard 2008
All rights reserved
Korean translation copyright © 2009 by Greenbee Publishing Company
This translation of Écrits politiques 1953~1993 is published by arrangement with
Éditions Gallimard through Shin Won Agency Co.

정치평론 1953~1993 모리스 블랑쇼 선집 09

초판 1쇄 발행 _2009년 5월 25일

지은이 _모리스 블랑쇼 | 옮긴이 _고재정

펴낸이 _유재건 | 펴낸곳 _도서출판 그린비 | 등록번호 _제10-425호
주소 _서울 마포구 동교동 201-18 달리빌딩 2층| 전화 _02-702-2717 | 팩스 _02-703-0272

ISBN 978-89-7682-322-9 04100   978-89-7682-320-5 (세트)
이 도서의 국립중앙도서관 출판시도서목록(CIP)은 e-CIP홈페이지(http://www.nl.go.kr/ecip)에서
이용하실 수 있습니다.(CIP제어번호: CIP2009000040)

그린비 출판사 나를 바꾸는 책, 세상을 바꾸는 책
홈페이지 www.greenbee.co.kr | 전자우편 editor@greenbee.co.kr

블랑쇼 선집

9

정치
평론

1953~1993

모리스 블랑쇼 지음 고재정 옮김

그린비

『모리스 블랑쇼 선집』을 간행하며

모리스 블랑쇼는 철학자이자 작가로서 이 시대에 하나의 사상적 흐름을 형성하였다. 그는 말라르메의 시학의 영향 아래에서 현대 철학과 문학의 흐름을 창조적·비판적으로 이어가는 '바깥의 사유'를 전개시켰다는 점에서 전통에 위치한 사상적 매듭인 동시에, 다음 세대의(푸코·들뢰즈·데리다로부터 낭시·라쿠-라바르트·아감벤에 이르기까지의) 뛰어난 철학자들에게 끊임없이 영감을 주어 온 사상적 원천이다. 이는 그의 사유를 한때의 유행이 아니라 지속적으로 참고해야 할 준거점으로 받아들여야 한다는 요구가 부당하지 않은 하나의 근거가 될 수 있을 것이다. 그러나 블랑쇼가 진정으로 중요한 이유는, 삶이 사상보다 중요하다는 단순하지만 명백한 사실에 비추어 볼 때, 다른 데에 있다.

그는 종종 '소크라테스 이전의 사상가'라고 불리어 왔다. 그 사실은 그의 사유가 아카데미의 학문적 역사와 배경을 넘어서서 자신의 삶의 체험을 바탕으로 여러 삶의 양상을 직접적으로 표현한다는 것을 의미한다. 우리는 그의 언어가 궁극적으로 우리의 학문적·지적 호기심이 아니라 우리 각자에게, 우리 각자의 삶에 호소하고 있다는 사실을 경험하게 될 것이다. 그의 언어는 우리가 반복하고 추종해야 할 종류의 것이 아니라, 몸으로 받아들여야 할 종류의 것, 익명의 몸과 마음으로 느껴야 할 비인칭의 언어 또는 공동의 언어이다. 따라서 블랑쇼를 읽는다는 것은, 그가 생전에 원했던 대로 '모리스 블랑쇼'라는 개인의 이름(동시에 사회에서 받아들이고 칭송하는 이름, 나아가 역사적 이름)을 지워지게 하는 동시에 어떤 공동의 '우리'에 참여하는 것이며, 나아가 그 귀결점은 또 다른 공동의 언어로 열리고 그것을 생성하게 하는 데에 있다. 아마 거기에 모리스 블랑쇼를 읽는 가장 중요한 이유가 있으며, 결국 거기에 독자의 마지막 몫이 남아 있을 것이다.

『모리스 블랑쇼 선집』 간행위원회

Maurice Blanchot, Écrits Politiques 1953~1993

C · O · N · T · E · N · T · S

| 일러두기 |

1 이 책은 *Écrits Politiques 1953~1993*, Éditions Gallimard, 2008을 저본으로 삼았다.

2 본문의 각주는 크게 블랑쇼의 주, 프랑스어판 편집자의 주, 한국어판 옮긴이의 주로 나뉜다. 블랑쇼의 주와 옮긴이의 주는 내용 뒤에 각각 '—M.B.', '—옮긴이'라고 표기해 구분했으며, 표기가 없는 경우는 모두 프랑스어판 편집자의 주이다.

3 단행본·정기간행물 등에는 겹낫표(『 』)를, 영화·논문·단편·기사 등에는 낫표(「 」)를 사용했다.

4 외국 인명이나 지명, 작품명, 정기간행물명은 2002년 〈국립국어원〉에서 펴낸 '외래어 표기법'을 따라 표기했다. 단, 이 책에 소개된 블랑쇼의 정치평론이 실린 주요 잡지는 번역하여 표기했다. 예) *Le 14 Juillet*→『7월 14일』, *Comité*→『위원회』, *La Revue Internationale*→『국제잡지』.

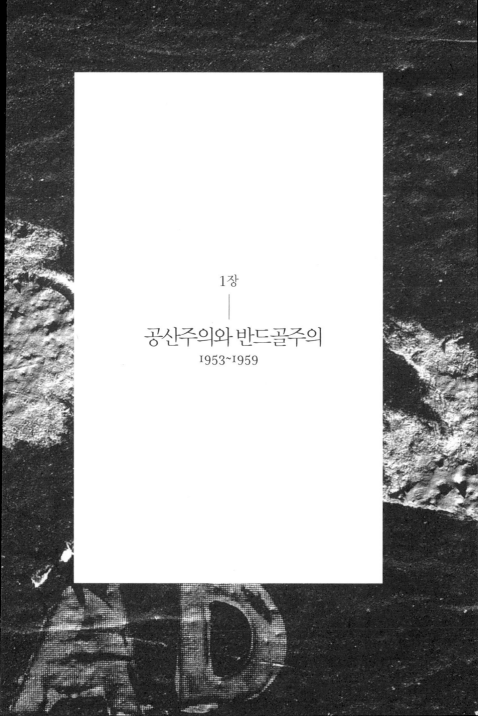

1장

공산주의와 반드골주의

1953~1959

공산주의의 한 연구에 대하여(욕구·가치)

디오니스 마스콜로*는 공산주의에 대한 그의 책에서 혁명적 움직임의 핵심은 일면 욕구 충족의 움직임이라는 것을 밝히고자 하였다. 그보다 더 자명한 일은 없을 것이다. 다시 말해, 그 움직임 안에 있는 허무주의는 반박의 여지가 없지만, 그 허무주의가 사람들의 욕구가 작동하는 것을 중단시키지는 않는다. 진리, 가치, 목표를 상실해도 사람들은 계속 살아가며, 살면서 욕구 충족의 노력을 멈추지 않기 때문에, 이 필수적인 충족과 연동된 운동을 당연히 지속시킨다.**

　디오니스 마스콜로는 또한 공산주의를 소통의 물질주의적 추구

---

*Dionys Mascolo(1916~1997); 갈리마르 출판사의 원고 검토 위원, 작가. 혁명 투쟁에서 지식인의 역할에 대해 지속적으로 성찰했으며 대표적인 반식민지주의, 반드골주의 지식인이다. 로베르 앙텔므와 더불어 마스콜로는 1958년 이후, 블랑쇼의 정치적 참여에 변함없는 동반자였다.─옮긴이

**Dionys Mascolo, 『공산주의 혁명과 소통 혹은 가치와 욕구의 변증법』(*Le Communism Révolution et Communication ou la dialectique des valeurs et des besoins*), Éditions Gallimard. 이 책은 1953년에 발간되었음을 알린다. 이 해제의 집필 시점 또한 그 즈음임을 밝히는 바이다. 14쪽 각주는 그 후에 작성된 것이다.─M. B.

과정이라고도 말한다. 이 말은 간단하게, 어쩌면 너무 간단하게 설명 가능한데 욕구 충족의 움직임이 벽에 부딪히게 되면서 어떤 경제적 속성이 장애물로 존재함을 발견한다는 것이다. 오랜 세월 간과되어 온 이 속성은 인간들이 서로에 대해서 상품 가치를 가지며, 서로가 사물이 되고 사물로서 교환되게 만드는 것이다. 이렇게 어떤 사람들은 다른 사람들에 의해서 임대·매매·고용되어 기구와 도구가 된다. 이 도구성, 유용성을 추구하는 이러한 인간관계는 사람에게 물건처럼 값을 매기는데, 이런 현상은 노예의 경우나 타인에게 노동 혹은 시간을 임대하는 모든 사람들의 경우에 극명하게 드러난다. 그러나 주인의 경우도 예외는 아니다. 타인을 물건 취급하는 사람은 자각하지 못하더라도 어쩌면 대부분 자신도 모르는 사이에 경제적 관계의 보이지 않는 우회 작용에 의해서 자신을 사물로 취급하고, 인간이 사물이 되는 세계에 살기를 받아들이고, 스스로에게 사물의 현실성과 형상을 부여하며 소통을 파기하는데, 자신과 비슷하거나 다른 사람들 사이의 소통만이 아니라 바로 자기 자신과의 소통을 파기한다.

그런데 우리 현실에서 이 사물화된 관계는 제반 가치와 그 관계망의 개입으로 인해 일정 부분 은폐되거나 위장되어 있다. 사람들을 고용하는 행위는 사실상 그들을 상품으로 취급하는 것이지만 그러나 (관념적으로는) 사람을 존중한다. 여기에서 어떤 혼선·위선·엄밀함의 결여가 야기되는데, 이것들이 모여 현재 우리들의 문명을 형성하게 된 것이다. 마르크스주의의 핵심은 사회적 관계 속의 인간을 물적 조건으로부터 해방시키는 것인데, 사물의 편에 섬으로써, 어찌 보면 사물에게 힘을 부여함으로써, 말하자면 인간을 오직 행동하고 생산하는 유용한 존재로 환원시키는 것에게 힘을 실어 줌으로써, 요컨대 모든 도덕적 알리바이, 모든 가치의 유령을 배제함으로써 인간을 해방시킬 수 있으리라는 것이다. 마르크스주의의 핵심(적어도 이렇게 제한적인 의미에서)은 인간에게 외부의 자연과, 인간 내의 자연적 속성에 대한 물적인* 지배의 가능성을 부여하는 것이다. 관념적 희망에 호소하는 다른 모든 해방의 수단은 인간의 예속을 연장시킬 뿐 아니라, 인간을 기만하고 허위적 상태에 머물도록 방치하여 이내 방향을 잃고 자신이 누구인지를 망각하게 만드는 것이다. 이런 관점에서 해방자는 지금 당장 가장 완벽하게 사물화된 인간, 위장하지 않고 이미 그의 물적 조건으로 축소된 도구-인간, 단지 유용함 외에 '아무것도 아닌', 필요에 사로잡힌 인간·극빈자·욕구하는 인간이며, 그에게로 이제 권력은 이양되어야 하는 것이다. 그는 노동하는 인간, 생산하는 인간, 말하자면 즉각적으로 인간이 아니라 (왜냐하면 그는 단지 결핍·부정·욕구일 뿐, '아무것도 아닌 것'이므로) 익명적이고 비인칭적인 노동 그 자체, 그리고 노동에 의해 생산된 상품, 생성 과정 중의 작업, 그 안에서 인간이 폭력을 감수하고 폭력으로 응수하면서 마침내 그 자신을 향해, 그의 실제적인 자유를 향해 이행할 수 있는 작업일 뿐이다. 그러나 가치의 비현실성을 꿰뚫고 자신이 누구인지 (예컨대 아무것도 아니라는 것

---

*어쩌면 다음과 같이 말하는 것이 (대단히 대략적이기는 하지만) 더 옳을 것이다. "권력으로서의 인간이 완료(제거)되었을 때 그때서야 비로소 인간에 대한 관계 자체도 하나의 권력이기를 그치고 가능한 관계, 즉 '소통'이 될 것이다."—M. B.

을) 기꺼이 '보기'를 원한다면 누구나 예외 없이 이 욕구의 인간일 터이다.

완수해야 할 노력의 거대함, 우리와 결부된 가치들을 완전히 재검토해야 할 필요성, 우리가 문명이라는 이름으로 지속시켜 온 정중하고 위장된 야만과 결별하고 새로운 야만에 도달해야 할 필요성, 우리가 다가가고 있는 미지의 —— 장차 인간이 어떨지는 전혀 짐작할 수 없기에 —— 것, 욕구 충족의 불평등이 야기할 끔찍한 폭력, 물질에 대한 예속, 물질의 지배, 기계문명의 독자적 발전과정은 물론 마침내는 무기력·피로까지, 이 모든 것이 이런 해방의 움직임이 실현되는 순간을 영영 오지 않게 미루거나 아니면 핏빛 종말로 귀결되게 만들 수도 있을 것이다. 만일 욕구의 압박이 충분히 강력한 힘, 참으로 거대한 지속성을 확보하지 못한다면 말이다. 움직임의 진전 속도는 놀라울 정도라고 말할 수 있지만, 여하튼 시간이 필요하며, 게다가 핵심은 도달하는 것이 아니라 출발하는 것이다. 새로운 인간의 시작은 대사건이며 아직은 우리가 그 서막을 열고 있다고 말할 수는 없다. 어쩌면 어렴풋이 느끼고 있을 것이다. 어쩌면 언제나 처음처럼 다시 시작해야 할 것이다. 말하자면 결코 일회적으로 완료되는 시작이라는 말을 믿지 말아야 한다. 어쨌든 "자유로운 세상은 욕구와 외적 목적들의 지배가 종식될 때 시작된다"는 마르크스의 단언이 동시대인들에게 약속하는 바는 올바른 방향의 추구와 가능한 어떤 미래의 결정일 뿐, 다른 무엇도 아니라는 사실에는 이론의 여지가 없다.

그리하여 오늘의 인간들, 필시 훗날의 인간들도 허구적 관계 안에서 살아야 하는 위험을 원치 않는다면, 우선 가장 단순한 욕구의 형태에 집중하는 것 말고 다른 길은 없어 보인다. 예컨대 모든 가치들을 욕구로 전환해야 한다. 이 말은 집단적 관계에 있어서 우리는 욕구하는 인간이 권력을 쟁취하도록 추동하기 위한 삶을 제외한 어떤 삶도 가져서는 안 된다는 것을 뜻한다. 또한 이 말은 우리가 이 집단적 비인칭성 외에 다른 삶을 살 수 없을 것이며 마치 공포정치 시기의 프랑스에서처럼 모든 사적이고 비밀스러운 생활은 금지되고 죄악시되어야 한다는 뜻일 수도 있을 것이다. 그러나 마스콜로는 그의 책의 가장 창의적인 부분에서 바로 이 마지막 결론을 논박한다. 우리에게는 비록 양립 불가능하지만 동시에 밀고 나가야 할 두 종류의 삶이 있다. 그 하나가 이른바 사적* 관계의 삶인데, 그 안에서 우리는 기다릴 필요도 없으며 기다릴 수도 없다. 그곳에서 욕망·열정·극단적 상태의 열광 그리고 언어를 통해서 인간은 인간의 불가능한 친구——그의 불가능함 바로 그것과 관계 맺는 친구——가 될 수 있는 것처럼 보인다. 자족성은 깨지고, 소통은 더 이상 무한히 먼 미래의 이별 없는 세상에서의 인정을 서로에게 약속하는 분리된 존재들의 소통이 아니다. 욕망의 내밀함 안에서 특정 개인

---

* 이 대목에서 다음과 같은 문제가 제기된다. 사적인 관계와 집단적인 관계를 그토록 쉽사리 구분할 수 있는가? 두 경우 모두 주체 대 객체의 그것일 수 없는 관계, 주체 대 주체의 관계라고도 할 수 없는 것, 양자의 관계가 무한하거나 불연속적인 것으로 긍정될 수 있는 그런 관계가 관건이 아닌가? 그리하여 욕망 그리고 언어에 의한 관계, 끊임없이 움직이는 관계, '타자' 혹은 불가능성이 맞아들여질 관계의 긴요함과 시급함이 가장 강력한 의미에서 결단과 정치적 긍정의 핵심 양태를 구성하는 것이다. 디오니스 마스콜로도 이에 동의하리라고 생각한다. 마지막으로 욕구의 개념도 간단치가 않고 욕구라는 것 또한 왜곡될 수 있는 데다가 억압의 어떤 지경에 이르면 인간은 욕구 이하로 떨어질 수 있다.—M. B.

들을 접근시키는 정도에 그치는 것도 아니다. 소통은 그 자체로서 긍정되는데, 연결시키는 대상들을 긍정하는 움직임으로서가 아니라 부정하는 움직임으로, 확고함도 확신도 벗어 버린 움직임으로서 긍정된다.

우리가 이 두 종류의 삶을 살아갈 수 있는가? 할 수 있든 없든, 그렇게 해야만 한다. 하나는 '소통'의 미래와 연결되어 있다. 인간관계가 은근하게든 난폭하게든 인간을 사물화하지 않을 때에 비로소 가능해지는 소통. 그러나 그것을 위해서 그 삶은 우리를 전적으로 위태롭게 사물의 세계, '유용한' 관계의 세계, 우리가 끊임없이 자기 상실의 위험을 무릅써야 하는 '효율적인' 작업의 세계로 끌어들인다. 다른 하나는 세상 밖에서 즉각적으로 소통을 받아들인다. 그러나 그 소통이 '즉각적인 것'의 격동·열림·고통스런 격정·기다리지 않고 타는 불길이라는 조건 하에서만 그렇다. 왜냐하면 공산주의의 숭고함은 역시, 그리고 우선적으로 바로 이것, 이 가혹함, 이 성급함, 모든 우회와 술수와 기다림의 거부, 요컨대 무한히 위태로운 자유이기 때문이다. 물론 오직 첫번째 삶만이 '진리'에 도달할 가능성과 관련이 있다. 단지 그것만이 말할 수 없이 험난한 부침과 극심한 고통을 뚫고 세계를 향해서 전진한다. 그 삶이 두번째 삶을 개의치 않는다는 것, 우리는 물론 잘 알고 있다. 내밀한 '삶', 그것은 낮의 영역에 속하는 것이 아니므로 정당화할 길 없고 인정받지도 못한다. 단지 가치로 위장함으로써만 인정받을 수 있을 것이다. 비극적인 분리가 여기서 비롯되는데, 어쩌면 견딜 수 없는 것이 아닐지 그것은 누구도 장담할 수 없다. 우리 시대의 고유한 비극은 바로 여기에 있을 것이다.

따라서 우리에게는 서로 다른 두 차원의 삶이 있다. 두번째의 삶은 권리는 없지만 결단력이 없는 것은 아니다. 사적인 인간관계 안에서 표출되고, 우리가 여전히 예술작품이라고 일컫는 작품들 속에 내재하는 그 '소통'이 기만적 관계가 사라진 세계의 지평을 우리에게 제시해 주지는 않지만, 이런 기만적 관계들을 낳는 권력 장치들을 거부하도록 도와주기는 한다. '가치'에 관여하지 않는 것이 가능할 수도 있는 지점에 도달하게 만들기 때문이다. 디오니스 마스콜로는 작가는 욕구를 위한 공공의 세계와 가치와 목적들을 위한 내밀한 세계를 동시에 살아가야 한다고 말한다. 그러나 어쩌면 이 점에 있어서 그가 제안하는 방향으로, 그러나 그보다 한 걸음 더 멀리 나가야 할 것이다. 시와 예술작품이 우리에게 무언가에 대해 말한다면, 그것은 모든 가치로부터 멀리 있는 것, 가치 측정을 거부하는 것, 가치 안에 자족하는 순간 이미 소실되고 흐려지는 (재)시작의 요구에 대해서 말하는 것이다. 니체는 모든 가치들의 대변환을 원했다. 그러나 가치 전환은 (적어도 그의 작품의 가장 가시적이며 너무도 유명한 부분에서) 가치의 개념 자체는 고스란히 온존시킨다. 전

---

* 블랑쇼는 공산주의가 소통을 향한 움직임이라는 사실을 강조한다. 공산주의는 기존의 모든 제도와 가치로부터 벗어나라는 부름, "바깥으로의 부름"이며, 이렇게 인간을 소외시키는 모든 권력으로부터 '해방된' 인간만이 권력관계가 아닌 인간관계, 즉 진정한 소통에 이를 수 있기 때문이다. 중요한 점은 모든 것을 벗어나라는 부름으로서 공산주의는 언제나 그 자신으로부터도 벗어나야 한다는 사실이다. 따라서 "공산주의는 언제나 공산주의를 넘어서는 곳에 있다." 제도화하고 경직되는 순간, 그것은 더 이상 블랑쇼가 말하는 공산주의는 아닌 것이다. 투철한 단절, 끊임없는 단절의 움직임이라는 점, 확립된 모든 가치를 거부한다는 점이 블랑쇼가 생각하는 공산주의 혁명과 예술의 합치점이다. — 옮긴이

적으로 다른 긍정을 향하여 전진하는 것은 아마도 우리 시대의 임무일 것이다. 본질적으로 위험한 고난도의 임무. 공산주의가 엄정하게, 물론 그 스스로도 빈번히 외면하는 엄정함이지만, 우리에게 상기시키는 것은 바로 이 임무이다. '예술적 체험'이 그 고유의 영역에서 우리에게 상기시키는 것 또한 정확하게 이 임무이다. 놀라운 일치가 아닌가.*

1958년, 디오니스 마스콜로와 장 쉬스테르는 드골 장군이 권력을 장악한 방식에 반대하기 위해서 잡지 『7월 14일』(*Le 14 Juillet*)을 창간한다. 1958~1959년에 걸쳐 3호를 발간하였는데, 블랑쇼는 2호와 3호에 글을 실었다. 2차세계대전 이후 블랑쇼의 첫번째 '정치적' 성격의 활동이다.

2호에 실린 글 「거부」(Le Refus)의 본문 앞에, 디오니스 마스콜로에게 보낸 다음과 같은 블랑쇼의 편지 발췌문이 함께 실렸다.

"이 짧은 글은 무엇보다도 당신에 대한 나의 동의를 확인하기 위한 것입니다. ……내가 말하는 거부는 쉽게 잠들어 버릴 수도 있는 것이기에, 우리는 연합해야 하고 단 한 치도 물러서서는 안 될 것입니다. 우선 정치적으로 참여하지 않고 있는 지식인들을 그들의 본분에 대한 존중으로 다시 인도해야 합니다. 그들에게는 순응도 무관심도 허락될 수 없습니다. 무엇인가가 일어났기 때문입니다. 앞으로의 어려운 점은 그들이 개별성을 드러내지 않도록 하는 것일 터인데, 이런 일은 공적인 사건에 그들이 참가하도록 유도되었을 때 간혹 발생합니다. ……무슨 일이 일어났는가를 이해하는 것이 급선무이며, 그로부터 필연적으로 파생되는 움직임 역시 이해하여야 할 것입니다. 과거로부터는 그리 큰 도움을 얻을 수 없는데 이는 전혀 다른 어떤 것, 새로운 억압의 조짐 같은 것의 문제이기 때문입니다. 우리는 이상한 경로를 통해 최악의 상황으로 치달을 위험에 직면해 있습니다. 그러나 우리 앞에 모든 길이 닫혀 있는 이 시점, 바로 이 상황으로부터 단 한순간도, 그 무엇에도 굴복하기를 거부하면서 하나의 출구를 발견하는 것은 우리들의 몫입니다."

「본질적 타락」(La Perversion essentielle)은 3호에 실린 글이다.

거 부

어느 순간, 어떤 정치적 사건 앞에서 우리는 거부할 수밖에 없음을 깨닫는다. 거부는 절대적이며 단정적이다. 그것은 재론을 허락지 않으며 이유를 내세우지도 않는다. 만천하에 당당히 천명될 때조차도 거부가 여전히 조용하고 고독한 행위인 것은 그래서이다. 거부하는 사람들, 거부의 힘으로 이어진 사람들은 그들이 아직은 함께 있지 않다는 것을 안다. 공동의 주장을 위한 시간을 박탈당했기 때문이다. 그들에게 남은 것, 그건 결코 뿌리 뽑히지 않는 거부. 그 확실하고, 확고하며, 엄정한 '동의하지 않음'의 우정은 그들을 단합시키고 연대하게 만든다.

깨닫게 되는 바로 그 순간, 우리들 모두에게 동등하고 동일한 그무엇이 되지만, 거부의 움직임은 흔치도 쉽지도 않다. 왜 어려운가? 그건 우리가 최악의 것뿐만 아니라 합리성의 외양을 갖춘 것, 다행스럽다고 할 만한 방안까지도 거부해야 하기 때문이다. 1940년 우리들의 거부는 침략세력에 대한 것이 아니라(침략세력을 용인하지 않는 것은 당연한 일이었다), 나름의 선의와 근거를 갖추고 1차

세계대전의 노인네*가 대표하겠노라 자처했던 그 가능성에 대항한 것이었다. 18년이 지난 오늘, 거부의 당위성은 (절로 거부될 수밖에 없는) 5월 13일의 사건**에 대해서가 아니라, 오로지 이름 석 자의 권위에 기대어 그 사건과 우리를 무난히 화해시키겠다고 나서는 현 정권에 대항하여 가동된다.

우리가 거부하는 대상은 가치가 없는 것도 중요성이 없는 것도 아니다. 거부가 필수적인 것은 바로 그 때문이다. 여기, 나름의 논거가 있지만 우리는 더 이상 받아들이지 않을 것이며, 허울 좋은 지

---

* 페탱(P. Pétain) 장군을 지칭. 1차세계대전의 국민영웅이었던 그는 1940년, 독일 괴뢰정부(État français)의 수반이 되어 종전 후 전범 재판에서 사형 선고를 받고, 후에 무기로 감형되었으나 결국 옥사하였다.—옮긴이

** 프랑스 영토였던 알제리 거주 프랑스인들이 일으킨 반란으로 드골이 정계에 복귀하는 직접적인 계기가 되었다. 5월 13일 사태가 일어난 1958년은 이를테면 알제리전쟁(1954~1962)의 와중이었다. 1954년 10월, 알제리 무장독립운동 세력인 FLN(Front Libération Nationale, 국가해방전선)은 동시다발적 게릴라전을 벌이고, 질서유지란 명목으로 프랑스가 군대를 증파하여 잔혹한 진압에 나서면서 알제리전쟁이 시작되었다. 프랑스 군부는 1957년 알제전투 승리를 통해 FLN을 약화시키고 진압에 성공했다고 판단했다. 군사적 승리에도 불구하고, 정부가 알제리 자치독립을 향한 정책을 펴고 있다는 점에 불만을 품은 알제리의 프랑스인들이 현지 프랑스 군대와 기동대의 묵인 하에 프랑스 총독부를 점거한 것이 5월 13일 사건이다. 당시 정계에서 물러나 있던 드골은 은근히 알제리 사수 입장을 내비쳤고, 군부와 알제리 거주 프랑스인들은 '드골 만세'를 외치며 본국에서 '버림받은' 알제리를 구해 줄 것을 호소한다. 5월 19일 드골은 "공화국의 권력을 책임질 준비"가 되어 있음을 공식적으로 밝힌다. 프랑스 정부는 알제리에 대한 통제권을 상실하고, 반란에 동조하는 군부는 알제리에 이어 코르시카 섬을 장악, 프랑스 본토 진주 계획까지 세운다. 내전의 위협 앞에서 당시 내각은 5월 28일 결국 총사퇴한다. 다음 날 제4공화국의 마지막 대통령 코티는 "가장 저명한 프랑스인", 드골 장군에게 사태 수습을 요청한다. 군부와 식민지 유지 정책의 지지자들을 등에 업은 드골은 6월 1일 의회의 임명 동의(찬성 329, 반대 224)를 받아 총리에 취임한 후, 헌법개정(국민투표 찬성 79.25%, 1958년 9월), 제5공화국 선포(1958년 10월), 초대 대통령 취임(1958년 12월)의 수순을 밟아 간다. 거의 초법적인 드골의 등장 과정에 대한 일각의 우려를 그는 "67세의 나이에 독재자로 데뷔할 생각은 전혀 없다"는 말로 일축했다.—옮긴이

혜가 있지만 그것은 우리에게 혐오감을 줄 뿐이고, 합의와 타협의 제안이 있지만 그것을 우리는 더 이상 수용하지 않을 것이다. 단절이 발생하였다. 더 이상의 묵인이 불가능한 지점까지 우리는 밀려왔다.

우리가 거부할 때 우리는 오만함이나 도취감에 의해서가 아니라 최대한 익명의 움직임에 의해서 거부한다. 왜냐하면 거부의 참된 힘은 우리들에 의해, 우리들만의 이름으로 완수되는 것이 아니라, 본래 목소리를 낼 수 없는 이들에게 속한 매우 빈약한 시작에서 출발하여 완수되는 것이기 때문이다. 오늘날 거부하기란 쉬운 일이며 그 힘의 행사에 따르는 위험부담도 거의 없다고 어떤 이들은 말할 것이다. 아마도 많은 이들이 그렇게 생각할 것이다. 그러나 나는 거부하기란 결코 쉽지 않으며, 우리는 거부하는 것을 배워야 한다고, 이제 우리들의 주장 하나하나가 엄정한 사유와 겸허한 표현을 통해서 확인해야 할 이 거부의 힘을 온전히 지켜 나가는 법을 배워야 한다고 생각한다.

예외적으로 이 짤막한 글이 언제, 어디에 처음 실렸는지를 밝히자면, 1958년 10월, 『7월 14일』 2호이다. 드골 장군이 정권을 다시잡은 지 며칠 안 되었을 때 나는 이 글을 썼다. 드골은 이번에는 레지스탕스가 아니라 용병들의 추대를 받아 돌아왔다.

본질적 타락

1958년 5월의 사건에 대해서 곰곰이 따져 보면 이내 다음과 같은 사실을 깨닫게 된다. 그 사건의 정치적 측면만을 고려하거나, 정치적 측면만 가지고 사건을 충분히 규정할 수 있다고 단정한다면, 사건에 대한 부정적인 평가조차도 실은 암묵적으로 우호적인 것이 되리라는 사실이다. 정치인들의 거부가 흔히 무기력해 보이고, 단호하기보다는 고집스러워 보였던 것은 그 때문이다. 실제로 정치적 분석이란 무엇인가? 그것의 문제점은 말 그대로 분석하고 분리한다는 데 있다. 정치적 분석은 이번 사건을 각각 다른 원인과 상반된 의미를 가진 다수의 현상들이 발생하여, 상호 교정하며 의미를 상쇄시키고 있는 것으로 파악한다. 예를 들어 드골은 5월 13일 반란 주동자들을 보정하고, 이들의 어두운 그림자는 유일한 출연자 드골을 더욱 빛나게 만든다. 마찬가지로 군대의 항명이 유감스럽긴 하지만, 같은 군인이면서 매우 특별한 군인인 드골이 군대의 정치적 야심을 해제시키는 데는 더할 나위 없이 적격이라는 것이다. 게다가 5월 13일 바로 직전의 한심한 정치권력, 자기혁신 능력과 중대

문제 해결능력이 없었던 정치체제 등의 문제가 있었는데, 그 점에서도 우리들은 충분한 합법성을 확보한 상태에서, 비판의 여지는 있지만 효과적인 해결책을 얻었으니 누가 이 헌법에 반대해서 이런저런 다른 헌법을 위해서 투쟁하겠는가? 따라서 결론은 다음과 같다. 어쨌든 드골이 최선책이다. 다른 가능성과 비교해 보면 그야말로 기대 이상의 묘수 아닌가.

이런 상식적인 판단은 매우 자연스러워서 누구라도 떠올려 봄 직한 생각이다. 이것은 정치를 시의적절한 행동쯤으로 보는 견해이며, 이 경우 기회주의는 정치적 진실이 된다. 때맞춘 결정이라는 기준에서 바라볼 때, 드골이라는 해결책은 미심쩍을 수도 만족스러워 보일 수도 있다(그를 지지할 이유들은 언제나 있고 그에게 반대해야 할 이유들 또한 마찬가지다). 논쟁은 끝이 없고 소용도 없다.

그렇지만 기회주의적 논거를 내세워 드골에 대한 찬성 혹은 반대를 정당화하는 사람들이나, 분리 불가능한 선과 악의 난해한 혼재로 인해 침묵하고 있는 대다수 사람들 혹은 모두 어떤 공통적인 감정을 느끼고 있는데, 그것은 지금까지와는 전혀 다른 그 무엇——보다 근본적인 동의 혹은 반대 결정들이 걸려 있기 때문에 정치적 판단만으로는 설명할 수 없는 측면을 가진 중대한 변동——이 도래했다는 느낌이다. 여기서 우리는 무기력하게 찬반 논쟁을 이어 갈 수도 있고 중립적인 태도를 지킬 수도 있다. 그러나 우리가 느끼는 불편함이나 거북함은 철저한 사고를 요청하는 사건을 이런 식으로 회피하는 것이 사유에 대한 얼마나 큰 (어떤 의미에서 거의 물리적인) 모독인가를 말해 준다. 보다 심층적인 합치 혹은 불일치가 우리의 선택 뒤에 숨어 있다. 그것을 직시하기를 거부한다면, 이미 우리에게 은밀히 영향을 미치면서 결정을 강요하는 '동의함'의 편에 서는 것이다.

• • •

5월 사건으로 탄생한 정권은 특이한 양상을 띠고 있다. 이러한 특이함은 판단을 교란시키면서 진정시키기도 하는 양면성을 가진다. 이 정권은 드골이라는 이름표가 붙은 정권이다. 그의 이름은 정권을 규정하고 비호하지만 그것을 결정짓기에는 불충분하다. 그것은 독재정권인가? 아니다. 독재란 권력을 손에 넣기 위해 투쟁하고, 그 권력을 고도로 개별화된 자기 자신에게로 집중시키는 한 인물에게 넘겨진 권력이다. 독재는 물론 추호도 좋을 것은 없으나, 사유에 위협이 될 만한 것 또한 전혀 없다. 독재는 인간의 권력이고, 독재자는 가시적 인물이며, 독재체제란 권력의 무제한적인 행사이다. 물론 독재는 쉽사리 변질된다. 독재자들은 자신을 신비화하고 스스로 황제라 칭하며 군림한다. 그래도 그들의 격상은 항시 개인 차원의 것이다. 그들은 여전히 인간이다. 그들에 대항하는 전투는 단순하고 말이 필요 없는 전투이다. 이런 특징들 중 그 무엇도 드골에게는 해당되지 않으며, 그가 대표하는 정치체제에도 직접적으로 해당되지 않는다. 드골은 정권을 쟁취하지 않았다. 그는 행동가가 아니다. 예전에 잠시 어색하고 미숙하게 정치화했었고, 특유의 그 기이한 수동성을 보이며 역할 연습에 들어갔지만, 곧 자신의 실수를 깨달은 바 있었다.[*] 그가 예전에 정당인이었다는 것을 상기시키면서 그를 공격하는 것은 그래서 무의미하다. 그는 행동하는 사람이 아니다. 행동은 그의 소관이 아니다. 그는 권력을 쟁취하려 하지 않고, 권력이 그에게 다가와서 바쳐지기를 원한다. 불순 행동 세력의 도움으로 일을 성사시키면서도 그들과 연관되어 있는 것처럼 보이는 것은 원치 않는다. 이런 모양새를 갖추는 데 그가 얼마나 극도로 신경을 쓰는지 놀라울 정도다. 합법의 허울을 유지하려는 바람 때문이었을까? 자신의 취임에 따르는 간단한 절차들의 수행마저 마다했던 것을 보면 그것은 아니다. 자신에 대한 지나치게 높고 조금은 헛된 자긍심 때문이었을까? 그렇게는 생각지 않는다. 아마 그것은 자기 개인에 대한 존중심에서가 아니라 그가 대표하는 비인칭적인 힘에 대한 외경, 그가 천명해야 하는 최고주권의 감정, 오직 최소한의 행동만을 허락하는 그 최고주권의 감정 때문일 것이다.

그가 상징하는 최고주권은 겉으로는 한 인물에 대한 열광이다.

* 독일이 프랑스를 점령하고 있던 1943년 6월부터 알제리에 자유프랑스 정부(1944년 6월부터 프랑스공화국임시정부GPRF로 명칭 변경, 그해 10월에는 연합국으로부터 정부 승인을 받음)를 세우고 그 수반을 맡아 왔던 드골 장군은 1944년 8월, 파리가 해방되자 프랑스공화국임시정부를 파리로 옮기고 부역자 처단·질서유지·새로운 공화국(제4공화국) 수립을 진두지휘한다. 1945년 10월 프랑스인들은 국민투표와 총선을 통해 제3공화국을 마감하고 제4공화국 헌법제정을 위한 제헌국회를 구성한다. 그해 11월 의회에서 드골은 프랑스임시정부 수반으로 선출되지만 의회가 작성 중인 헌법안에 대한 이견을 이유로 1946년 1월 돌연 사임한다. 헌법안이 채택되어 제4공화국이 정식 출범한 것은 1946년 10월 13일이다. 사임 후 드골은 1947년 4월, '프랑스민중연합'(Rassemblement du Peuple Français, RPF)을 창설하여 1951년 의회선거에서 득표율 21.6%로 상대적 성공을 거둔다. 1953년 5월 지방선거에서 실패 후 '프랑스민중연합' 의장직에서 사임하고 소속 의원들의 거취를 자유 선택에 맡긴 채 고향으로 은퇴한다. 이때부터 1958년 정계 복귀까지의 기간을 드골의 '사막 횡단'(Traversée du désert)이라고 부른다. 여기서 블랑쇼는 1947년에서 1953년까지 드골의 정당 활동과 뒤이은 은퇴를 '정치화'·'실수의 깨달음'이라고 평하고 있다.—옮긴이

그것은 한 사람의 이름을 신격화하면서, 그 이름이 상기시키는 영광스런 추억을 활용하기도 한다. 그것이 말하는 바는 이 존재가 대체 불가능하고 유일하다는 것(여기서 유일하다 함은 정치적 유용성의 측면에서 드골에게 적수가 없다는 것을 의미하지만 동시에 그에게는 짝도 없음을 의미한다. 따라서 그는 유일함의 신성하고도 신비스런 가치를 대표하는 유일한 존재이다. 이런 이유에서 심리적 효과를 위해 그의 고독은 언제나 강조된다. 그는 특별하다. 그는 고립되어 있다. 한마디로 성스러운 존재이다), 요컨대 하늘이 내린 구세주라는 것이다. 그에게 지체 없이 붙여진 이 칭호가 의미하는 바는 더할 나위 없이 명백하다. 하늘이 내렸다 함은 신의 섭리에 의해 지명되고 섭리로서 확인됨을 뜻한다. 구세주에게 부여된 능력은 더 이상 정치적 능력이 아니라 구원의 전능함이다. 있는 그대로의 그의 존재 자체가 구원이며 권능인 것이지, 무엇을 행할 것인가가 중요한 것이 아니다.

바로 여기에서 관점의 전환이 이루어진다. 이 유일한 인물에게 애초부터 부여된 최고 권력은 매우 특별한 것이었다. 모두들 그가 그런 권력을 가지고 무언들 못할 것인가라고 생각했다. 그러나 우리는 놀랍게도 (그리고 비겁한 안도감을 느끼며) 그 힘을 가지고 그가 어떤 일도 하지 않았음을 확인해야만 했다. 그건 그가 아무것도 할 수 없었기 때문이다. 그에게 부여된 권위는 실상 행사하기에는 너무도 높고, 너무도 컸다. 고로 다음과 같은 상황이 점차 분명해진다. 드골은 모든 것을 할 수 있지만 구체적으로는 그 무엇도 할 수 없다. 전능하지만 이 전능함(자신이 곧 프랑스 자체라는 감정, 단지 프랑스를 대표하는 것이 아니라, 프랑스를 가시화하고 시간을 초월한 실체성 안에 영원히 존재하도록 만들어야 한다는 감정)에 대해 그가 품고 있는 외경심이 그 힘을 어떤 특정한 정치적 결정을 위해 사용하는 것을 금한다. 그리하여 설사 그에게 정치적 구상이 있다 하여도 실행할 수 없을 것이다. 그는 정책을 펴는 사람이 아니라 이해하는 최고주권으로서(나는 여러분의 마음을 이해했습니다),[*] 모든 것을 이해하고 그 이해를 통해 모든 것에 부응한다. 전면에 나서 주길 바라는 국민의 기대에 비해서는 언제나 한 발 물러서 있는, 거리감 있는, 함께 나눌 수 없는 최고주권. 그것은 단순한 속세의 독재하고는 상당히 다르다. 보통 독재자란 과시적 행동을 멈추지 않는다. 독재자는 말하기보다 외친다. 독재자의 언어는 외침의 폭력성, 딕타레(dictare),[**] 즉 반복의 폭력성을 드러낸다. 드골도 나서긴 하지만 마지못해 의무감에서 그리한다. 모습을 드러낼 때조차도 마치 자신의 모습과는 무관한 듯하며, 자신 속에 고립되어 있다. 말을 할 때도 비밀스럽게 혹은 장엄한 상투어의 베일을 치고 말한다. 그리하여 그의 충직한 신민들은 애매모호한 그의 어록 해설에 의지해 살

---

[*] 5월 13일 사태 이후 정계에 돌아온 드골은 6월 1일 총리에 취임하고 6월 4일 알제리를 방문한다. 환영하는 알제리의 프랑스인들 앞에서 드골은 유명한 "Je vous ai compris"(나는 여러분의 마음을 이해했습니다)라는 말을 던져 그들을 열광시킨다. 그렇지만 여기서도 알제리를 프랑스 영토로 지속시키는 정책을 추진하겠다는 구체적인 언급을 하지는 않고 단지 그렇게 믿도록 말했을 뿐이라는 것이다. 1960년 11월, 드골은 알제리 자주독립 가능성을 내비치며 찬반 관련 프랑스 국민투표를 실시하고, 프랑스인의 75.2%가 알제리 자치독립에 찬성표를 던진다(기권 23.5%). 알제리전쟁은 1962년 프랑스와 FLN이 휴전협정에 조인하고 알제리 독립을 인정하는 에비앙 협상을 마무리함으로써 종식된다.—옮긴이

[**] 라틴어로 '반복하다'라는 의미이며 독재자(dictateur)의 어원.—옮긴이

아간다. 정녕 신의 가호가 내리신 분이다. 말브랑슈*의 말대로 신의 가호란 구체적 행위로 나타나는 것이 아니라, 가장 일반적인 길을 통해 현시될 수 있을 뿐이라면 말이다.

• • •

이런 관점이 다소 단순화된 것임은 인정하지만 주요 특징을 왜곡하는 것은 아니다. 요점은 정치적 권력을 구원의 권능으로 변질시켰다는 것이다. 현재 정권은 운명의 손안에 있다. 다시 말해 역사적으로 탁월한 한 사람이 아니라 인간을 능가하는 그 어떤 힘, 최고가치의 힘, 최고주권의 수중에 있는 것이다. 최고권자가 아니라 한 운명의 가능성들의 총합과 동일시되고 있는 최고주권, 그 자체가 정권을 잡고 있는 형국이다. 무슨 운명이란 말인가? 답은 간단히 나온다. 그것은 온갖 역사적 부침을 초월하여 운명으로서의 국가를 고고하게 긍정함을 말한다. 드골의 과거가 이 대답을 이해시켜 주는데, 이것은 자기 자신에 대한 그의 생각과 반드시 연관되어 있지는 않다. 예전에 사람들은 그를 상징이라고 불렀다. 역사적 위기의 순간을 거치면서, 그는 참담한 공백을 넘어 국가의 영속성과 확실성을 대표해야 할 임무를 지고 있었다. 그는 부재하는 대국, 프랑스의 가시적인 현전이었으며 화신이었다. 한 나라의 실체를 한 인물과 동일시하는 것은 언제나 위험하며, 그의 역사를 이상화하여 역사를 초월한 차원으로 끌어올리는 것은 더더욱 위험하다. 사실 드

---

* Nicolas de Malebranche(1638~1715); 프랑스의 철학자이자 신학자.—옮긴이

골이란 인물은 그 자체로는 특별할 게 없었다. 과거도 미래도 없는 인물. 그의 행보의 의미는 그 어떤 실제적 힘과도 연계되어 있지 않은 거부의 단호함에서 나왔던 것이다. 놀라운 체험. 그는 어떤 의미에서 시종일관 수동성을 유지했다. 그는 아무것도 하지 않았고, 할 수도 없었다. 기껏해야 그는 있는 것을 보전했고, 자신의 존재를 통해 수호했으며, 실재하지 않는 권리, 알맹이 없는 권위를 고고하게 사수하였을 뿐인데, 그 자신은 겨우 이름만 걸고 있던 거대한 능동적 힘이 서서히 가동하기 시작하여 관념상의 주장들을 현실로 바꿔 나갔던 것이다. 이 체험으로부터 국가 공백의 극적인 순간에 국가 운명의 핵심적 실체와 합치하는 예외적 최고주권이라는 의식이 형성되었다. 여기서 주목해야 할 특징은 이 공백의 가시화이다. 1940년의 공백은 더할 수 없이 비장하고 명백했다. 프랑스가 있던 자리에 남은 것은 오직 공백뿐이었다. 이 역사의 공백 너머로 무명의, 얼굴도 알 수 없는 한 인물을 통해서 프랑스의 존재는 끈질긴 운명처럼, 그 구원의 예언처럼 거의 가시적이고 감각적으로 긍정되고 있었다. 이 공백에 대해 드골은 강박관념을 갖게 되었을 뿐 아니라 내밀한 친분, 그 필요성에 대한 감각을 함께 얻었다. 이것을 그는 헌법에 명기하였다. 이를테면 공백의 합법화라고 할 수 있다. 프랑스가 운명의 경지로 승화되고 프랑스를 대표하는 권력이 구원의 최고주권이 되기 위해서 프랑스는 이 공백을 의식해야만 하고, 그 공백은 체제 수립과 분열과정을 통해서 프랑스를 지속적으로 위협한다. 1946년, 드골은 급작스럽게 퇴진한다. 온 나라가 그 공백을 인식하고 온전함을 지켜 내기 위한 결정에 이르도록 유도할 목적이었지만, 국민들은 아무것도 인식하지 못했고 그의 작전은 실패로 돌아갔다. 1958년, 동일한 작전은 눈부신 성공을 거둔다. 정당성 없는 전쟁의 문제들이 절망을 낳고, 절망이 소요로 변질된 외중에서 회의가 확산되었다(의도적으로 조직되기도 했다). 바야흐로 공백의 예감이 감돌면서 운명적 인물의 모습을 띠고 공백을 메울 수 있는 유일한 대안으로 국가 최고주권의 화신이 등장했다. 그런데 참으로 놀랍게도 드골이 권좌에 오르자 실상 (적어도 외관상으로는) 그와 공백, 오로지 둘만이 남게 된 것이다. 정치세력들은 와해되었다. 사회세력은 뒤로 물러났다. 모든 것이 침묵했다. 이건 마치 신비로운 조건반사와도 같다. 강력한 내적 동기를 가지고 대항할 수 있는 사람들조차도 침묵으로 일관하고 마치 부재하는 듯 행동한다. 공백을 방해하면 안 되는 것이다. 국민투표의 '동의함'은 이 공백의 과장된 반향일 뿐이다. 이어서 공백은 효력을 발하는데, 그것은 다름 아닌 고독한 한 사람의 권위를 구원의 권능으로 '축성하는' 것이다. 우리에게 이런 인물이 없다면 어떻게 되겠는가? 이제 대답은 오직 하나, 바로 공백만이 남게 되리라는 것이다.

• • •

그렇지만 과연 그럴까? 역사는 반복되지 않는다. 1940년에서 1944년까지 능동적 거대세력, 즉 연합군 진영은 드골을 크게 중시하지는 않았지만, 그의 관념적 권위가 자유롭게 발휘되도록 내버려두었다. 그러나 오늘의 드골 연합세력, 그를 수동적인 양 운신하게 하면서 권좌로 이끈 행동 세력은 절대 뒤로 물러나지 않았다. 신성한 권력을 부여받은 최고주권이 아무 일도 하지 않는 만큼, 그들은 거창하지만 내용은 없는 권력에 정치적 내용물을 제공하면서 마음껏 활개 칠 수 있는 입지를 확보하고 있다. 불충분하고 단편적이어서 그들을 규정하기보다는 은폐하기에 알맞은 정도라는 점이 문제지만 이 세력의 정체는 드러나 있다. 고립된 세력이며 그들이 창출한 드골 권력과는 특별한 관계가 없다고 말하는 사람들도 있었는데, 이는 주로 일화와 분석에만 의존하여 판단한 경우다. 혹은 드골과 이 행동 세력들 사이에는 지엽적 관계가 있다는 것을 밝히려는 시도도 있었다. 이런 견해들은 사태를 단지 정치 스펙터클의 관점에서만 바라본 것이다. 중요한 것은 5월 13일의 사태와 후속 사건들이 하나의 전체를 형성한다는 것이며, 하나의 전체로 간주될 때만 현실성과 의미를 가진다는 것이다. 다시 말해서 강경 식민지주의 고수, 국가주의 고조, 기술지상주의적 요구의 압력, 군대의 정치 세력화, 정치권력의 구원-권능화로 대략 정리해 볼 수 있는 각기 다른 원인·형태·특징을 지닌 복잡하게 얽힌 움직임들은 불안정하지만 나름대로 독특한, 그러면서 대단히 심각한 의미를 지닌 단일 현상을 이루고 있다.

여기서 비롯되는 결과들 중의 하나가 바로 이 정치체제의 실체가 겉모습과 다르다는 것이다. 그 체제 안에서 각축하는 여러 세력들에 의해 끊임없이 점유당하여, 자신의 겉모습을 배신하지 않고는 그 세력들과 구별되지 않기 때문이다. 전면에는 최고주권의 화신이 자리 잡고서 정치적 권력이 아닌 종교적 본질의 권력을 천명하며 대충 변질된 성스러운 가치(한 인물의 특별한 운명, 그의 숙명적인 등

장: 그가 우리를 한번 구원하였으니 매번 구원할 것이다. 그는 구세주다. 그는 영원한 조국이다. 위기에 처할 때면 조국은 그를 통해 현현하며 그는 신의 뜻의 수탁자이다)들을 가동시킨다.

식민지주의의 극렬화가 절망에서 비롯한 움직임(국가주의의 고조가 어떤 참담함에서 비롯된 것처럼)이고, 이 집단 절망이 모여 집단 동요가 되고, 인종주의적 혹은 파시스트적이라 할 만한 광란을 불러일으킨 점을 감안하면, 드골이 상징하는 구원의 운명이 퍽이나 어울리는 대응책이었음을 알 수 있다. 다만 광란에는 슬로건과 마법의 주문(통합이라는 말만 내세우면 평화는 절로 오고 멋진 과거도 다시 온다)이 있어야 하며, 급격한 욕구충족·극적인 시도·처단·전투적 작전이나 적어도 비밀 음모(이런 움직임에는 비밀과 공개 쇼, 양자가 모두 필요하다) 같은 것들이 필요하지만, 이처럼 무질서한 표현 방식은 고귀한 최고주권과는 어울리지 않는다. 최고주권은 그런 천박함과는 거리가 멀고, 그런 것과 동일시되길 희망하지도 않지만, 그렇다고 그런 천박함을 나무랄 수도 없다. 왜냐하면 최고주권은 그 천박함을 이해하고 인정하기 위해서, 나아가 그 핵심계획을 보호하기 위해서 존재하기 때문이다. 직접 계획 실현에 나서지는 않고 또 그렇게 할 수도 없지만 말이다.

다단계의 전이 과정을 거쳐 슬그머니 내려앉음으로써 '유일자'의 최고권위는 타락은 피하면서 점차 더 현실적인 권력 지대들과 상통해야만 한다. 5월 13일 사태의 배후에 있는 목표들(프랑스령 알제리 사수, 불필요한 전쟁의 지속, 전쟁 논리의 지배, 이 논리를 앞세워 필연적으로 정치적 권력 행사를 계속하는 군부)에 도달하기 위해 권위주의적 독재의 야심을 품고 결성된 권력 집단들과 접촉하게 되어 있다. 이런 이유로 종교적(그리고 시대착오적)인 형태의 최고주권 배후로 훨씬 더 현대적인 정치적 과격주의가 예고되거나 확인되는데, 과격분파의 끊이지 않는 음모에서 친위대의 협박(만일 드골이 물러나면 특공부대가 나설 것이다)까지, 이미 강화된 경찰 감시망에 최악의 경우 본격적인 정치적 폭력 행위까지 총망라된다. 거기다 신자본주의 세력들은 최고주권적 단일성에 대한 절대숭배를 이용하고, 그 본래의 이상적 의미를 왜곡시켜 경제적 지배의 요구에 부응하도록 만들고 있는데, 경제적 지배를 위해선 계획을 시행하고 기술제일주의적인 효율성을 높일 중앙집권적 권력이 필요하기 때문이다. 여기서 최고주권자는 더 이상 절망에 빠진 충동적 군중이 갈구하는 구세주도 아니고, 군부가 희망하는 바, 전쟁과 군대의 이름으로 권력을 장악하는 장군도 아니다. 그는 현대 자본주의 조직의 필요에 부응하여 지휘하고, 감시하고, 결정하는 비인칭적 특성의 존재, 경영인이다.

● ● ●

앞에서 열거한 세력들은 분열되어 비밀리에 투쟁하고 있다. 극심한 모순들은 단일성의 고상한 외피 뒤에서 진정되기는커녕 드브레*스타일의 단순하고 편협한 국가주의를 매개로 각자 편의대로 최고

---

*Michel Debré(1912~1996) : 드골이 임명한 총리(1959~1962). 법무·재무·외무장관을 역임. 드골 정권 이후 퐁피두 대통령(1969~1974) 시절에도 국방장관으로 재임.─옮긴이

주권에 대한 찬가를 읊조리면서 권력에 침투해 자리 잡았다. 이 투쟁은 이제 막 시작되었을 뿐이다. 우리는 의미도 출구도 부재하는, 이 어이없는 전쟁을 결정적 인자로 갖는 한 과정의 시작선상에 있다. 그로부터 무슨 일이 야기될 것인가? 예언을 해야 할 필요는 없다. 단지 이처럼 허위적인 체제는 참으로 보기 드물다는 것을 확인하고자 할 뿐이다. 그 허위성은 인적 요인들로부터 오는 것이 아니라 정치권력의 본질적인 도착 증상에서 기인하는 것이다. 권위 없는 권위주의 정권, 단일성의 허울을 쓰고 극심하게 분열된 정권, 행동하는 힘이라는 외양 아래서 결단불능·선택불능인 정권, 개인적 책임과 소명을 앞세우지만 한 사람의 이름을 방패로 무책임한 행동들을 수없이 은폐하고, 비인칭적 경제 권력의 패권을 비호하는 정권. 이상한 정권에 심각한 역사, 단지 심각할 뿐 아니라 곤혹스러운 역사, 모든 것이 불행한 혼돈 속에 변질되고, 드골의 적들이 그 모든 희망을 드골에게 걸고, 그의 극렬 추종자들은 그를 모독하고(신성모독도 종교의 한 부분이다), 정부에 데려다 앉힌 그의 가장 가까운 친구들은 그가 대표하기를 원하는 바를 망치는 것 외에는 다른 관심사가 없는 것 같은 곤혹스러운 역사. 가끔은 이 모든 상황이 비현실적일 만큼 기이하다고 결론 내리고 싶을 정도이다. 비현실성은 불행하게도 흔히 역사 종말의 조짐이다.

(공개적으로든, 내심으로든) 그렇소, 우리는 드골을 지지하며 그의 결정을 따를 것이오. 모든 비판을 초월한 저 높은 곳까지 그를 종교적으로 격상시키는 그 최고주권의 소명감이 있기에 얼마나 다행스러운 일이오. 그가 사라진다면 최악의 것, 즉 독재가 닥칠 것이니

말이오 하고 말하는 사람들에게로 말하자면 이렇게 답해야만 한다. 본질적인 것을 배반하면서 그대들은 그 무엇도 구원할 수 없습니다. 모든 것인 동시에 아무것도 할 수 없는 그 최고주권 뒤에 이미 독재는 숨어 있으며, 내일은 보란 듯 모습을 드러낼 것이기 때문입니다. 정치권력이 구원의 권능으로 변질되는 순간 독재는 필연적으로 다가옵니다.

2장

알제리전쟁, 「121인 선언문」을 중심으로
1960

1960년 초 알제리국가해방전선(FLN)에 도움을 제공했다는 죄명으로 장송(Jeanson) 재판이 열리기 직전, 잡지 『7월 14일』 동인들은 「국제 여론에 고함」(Adresse à l'opinion internationale)이라는 제목이 붙은 선언문(흔히 「121인 선언문」Manifeste des 121이라 불린다)을 발표한다. 다수(약 15가지)의 판본을 가진 이 선언문이 우리가 지금 읽을 이 완결본으로 확립되기까지 많은 저자들이 힘을 보탰다. 1960년에 작성된 전후의 선언들 중에서 가장 유명한 이 선언문은 이탈리아와 독일에서도 발표되지만, 프랑스에서는 단 하나의 신문(『진리, 자유』Vérité, Liberté 4호, 9~10월)에 실렸을 뿐이고 그나마 곧 압수된다. 사건 당시 이 선언문은 실제 독자보다는 해설자가 더 많았을 정도였다.

「121인 선언문」을 모리스 블랑쇼의 글 모음집에 재수록한다는 것은 분명, 집단적인 이 선언문의 특징과 '마치 익명적으로 말하려는' 그 기안자들의 의지에 역행하는 행위일 것이다. 어떠한 경우에도 그를 선언문의 저자로 간주할 수는 없지만, 그럼에도 핵심적인 몇몇 구절들을 써 넣으면서 모리스 블랑쇼가 선언문 작성에 차지한 비중은 우리의 결정을 정당화시켜 준다.

알제리전쟁에서의 불복종의 권리선언

1960년 7월 초, 서명자들 중 몇몇의 발의로 작가·예술가·대학교
수들이 다음 선언서를 검토하였고, 현재 그들 중 121인이 서명하
였다.

매우 중대한 움직임이 프랑스에서 일고 있다. 새로운 국면에 접어
든 알제리전쟁이 우리에게 6년 전에 발발한 이 위기의 심연을 망각
할 것이 아니라 직시할 것을 강력히 환기시키는 현 시점에서, 프랑
스와 국제 여론을 향해 이 움직임의 진상을 정확히 알리는 것은 반
드시 필요한 일이다.

 이 전쟁에 참가하기를 거부했다는 이유로 혹은 알제리 독립투사
들에게 도움을 제공했다는 이유로 기소되고, 투옥되고, 처벌되는
프랑스인들의 숫자가 점점 증가하고 있다. 적들에 의해 왜곡되는
것은 물론 그들을 옹호해야 할 의무를 지고 있는 이들에 의해서도
호도되어, 그들의 저항 이유는 대부분 제대로 이해되지 못하고 있
다. 하지만 공권력에 대한 이러한 저항이 존중할 만하다고 말하는

것으로는 충분하지 않다. 명예와 진리에 대해 품고 있는 정당한 생각에 상처를 입은 사람들의 항의, 그것은 항의가 표출되는 특정 상황을 넘어서는 의미를 가지며, 우리는 사건의 귀추와는 별개로 그 의미를 되새겨 보아야 한다.

• • •

무력을 통해 혹은 외교 수단을 통해 지속되는 이 투쟁은 알제리 사람들에게는 한 점 의혹도 없는 것이다. 그것은 국가 독립전쟁이다. 그러나 프랑스인들에게 이 전쟁의 본질은 무엇인가? 외국과의 전쟁은 아니다. 결코 프랑스 영토가 위협받지는 않았다. 게다가 이 전쟁은 프랑스가 프랑스인으로 간주한다고 내세우는 사람들, 그러나 정작 당사자들은 그 프랑스인이기를 그만두기 위해서 싸움에 나선 사람들을 상대로 수행되고 있다. 정복전쟁, 인종차별주의가 가미된 제국주의전쟁이라고 말하는 것만으로는 충분하지 않을 것이다. 어떤 전쟁에나 그런 측면은 내포되어 있고, 여전히 모호함은 남는다.

사실 중대 남용이라 할 만한 결정을 통해서 국가는 징집 대상 시민들을 총동원하여 국가 스스로 억눌린 주민에 대한 경찰 업무라고 칭한 바 있는 임무에 투입하였다. 문제의 주민들은 오직 기본적 존엄성을 되찾기 위해 투쟁에 나섰으며, 그들의 유일한 요구는 이제는 독립된 공동체로 인정받겠다는 것이다.

정복전쟁도 '국토방위' 전쟁도 아닌 알제리전쟁은 거의 군대와 특정 계층만의 행위가 되어 버렸다. 이들은 식민지 제국의 전반적 붕괴를 감지한 민간 권력도, 그 의의를 인정할 준비가 된 것으로 보이는 항쟁을 탄압하며 물러서기를 거부하고 있다.

현재 이 범죄적이고 부조리한 전쟁을 지속시키는 것은 주로 군부의 의지이다. 다수의 군 고위층이 군에 부과하는 정치적 역할로 인해 군은 간혹 공개적이며 폭력적으로 합법성의 범주를 완전히 벗어난 행동을 하며, 국가가 위임한 목적을 배반한 채 군 복무 중의 시민들에게 반동적이고 비열한 행위의 공모자가 되기를 강요함으로써, 국가를 위기에 빠뜨리고 타락의 위험으로 몰아가고 있다. 나치 패망 이후 15년이 흐른 지금, 프랑스의 군사주의가 이 부당한 전쟁을 끌어가면서 유럽에 고문을 부활시켜 다시 관례처럼 행하기에 이르렀음을 굳이 말할 필요가 있을까?

• • •

이런 여건 속에서 다수의 프랑스인들이 전통적 가치와 의무의 참뜻을 재검토하기에 이르렀다. 그것이 이내 수치스러운 복종으로 전락하고 말 상황에서 시민윤리란 무엇인가? 복무 거부가 신성한 의무가 되고, '반역'이 진실의 단호한 존중이 되는 경우들이 있지 않은가? 군대를 사상적, 인종차별적 지배의 수단으로 이용하려는 자들의 획책으로 군이 민주제에 대한 공개적 혹은 잠재적 반란 상태에 들어갔음이 명백할 때, 군에 대한 반항은 새로운 의미를 얻지 않는가?

전쟁 시작부터 양심의 문제가 대두되었다. 전쟁이 지속되면서 이 양심상의 문제가 증가하는 불복종이나 탈영, 알제리 투사들의 보호와 원조라는 행동들로 구체화된 것은 당연한 일이다. 모든 공식 정당들과 무관하게 그들의 지원 없이, 나아가 그들의 비난에도 불구하고 자유로운 움직임이 확산되었다. 거듭 말하건대 사전 확립된 어떤 조직도 구호도 없이, 자발적 인식에 의해 새로운 상황에 맞는 행동 양식과 투쟁 방식을 모색하고 고안해 내면서 저항의 움직임이 생성되었다. 정치 단체들이나 여론 주도 언론들은 정책적 무력증이나 소극성 때문에, 혹은 국가주의적·도덕적 편견 때문에 이 새로운 상황의 진정한 의미와 요구들을 하나같이 외면하였다.

• • •

아래 서명인들은 이제 더 이상은 개인적 모험 차원의 사건사고로 치부될 수 없는 행위에 대해서 입장을 밝혀야 한다고 생각한다. 더불어 이같이 중대한 문제에 직면하여 개인적으로 결단을 내려야 할 이들에게 충고하기 위해서가 아니라, 그들을 판결하는 이들에게 언어와 가치의 모호함에 현혹되지 말 것을 요청하기 위해서 각자의 위치와 가능성에 따라 개입할 의무를 지고 있다고 생각하며 다음과 같이 선언한다.

— 알제리 민중들을 향해서 무기를 들지 않겠다는 거부를 우리는 존중하며 정당하다고 판단한다.
— 탄압받는 알제리인들에게 프랑스 국민의 이름으로 지원과 보호를 제공하는 것을 자신들의 의무라고 여기는 프랑스인들의 행동을 우리는 존중하며 정당하다고 판단한다.

―알제리인들의 명분은 식민지 제도를 결정적으로 붕괴시키는
데 기여하는 것으로서 동시에 모든 자유인들의 명분이다.

아르튀르 아다모프, 로베르 앙텔므, 조르주 오클레르, 장 바비, 엘
렌 발페, 마르크 바르뷔, 로베르 바라, 시몬 드 보부아르, 장-루이
브두엥, 마르크 베그바이데르, 로베르 브네윤, 모리스 블랑쇼, 로제
블랭, 주느비에브 본푸아, 아르센 보나푸-뮈라, 레몽 보르드, 장-
루이 보리, 자크-로랑 보스트, 피에르 불레즈, 뱅상 부누르, 앙드레
브르통, 기 카바넬, 조르주 콩도미나, 알랭 퀴니, 장 차르네키, 장
달자스, 아드리앙 닥스, 위베르 다미슈, 베르나르 도르, 장 두아소,
시몬 드레퓌스, 마르그리트 뒤라스, 이브 엘레우에, 도미니크 엘뤼
아르, 샤를 에티엔, 루이-르네 데 포레, 테오도르 프랑켈, 앙드레
프레노, 자크 제르네, 루이 제르네, 에두아르 글리상, 안 게랭, 다니
엘 게랭, 자크 홀레트, 에두아르 자게, 피에르 주앙, 제라르 자를로,
로베르 졸랭, 알랭 주베르, 앙리 크레아, 로베르 라가르드, 모니크
랑주, 클로드 란츠만, 로베르 라푸자드, 앙리 르페브르, 제라르 르
그랑, 미셸 레리스, 폴 레비, 제롬 랭동, 에릭 로스펠트, 로베르 루
종, 올리비에 드 마니, 플로랑스 말로, 앙드레 망두즈, 모드 마노니,
장 마르탱, 르네 마르셀-마르티네, 장-다니엘 마르티네, 앙드레
마르티-카프그라, 디오니스 마스콜로, 프랑수아 마스페로, 앙드레
마송, 피에르 드 마소, 장-자크 마유, 제앙 마유, 테오도르 모노, 마
리 모스코비치, 조르주 무넹, 모리스 나도, 조르주 나벨, 엘렌 파르
믈랭, 마르셀 페주, 조제 피에르, 앙드레 피에르 드 망디아르그, 에

두아르 피뇽, 베르나르 팽고, 모리스 포르, 장-바티스트 퐁탈리스, 장 푸이용, 드니즈 르네, 알랭 레네, 장-프랑수아 르벨, 알랭 로브-그리예, 크리스티안 로슈포르, 자크-프랑수아 롤랑, 알프레드 로스메르, 질베르 루제, 클로드 루아, 마르크 생-상스, 나탈리 사로트, 장-폴 사르트르, 르네 소렐, 클로드 소테, 장 쉬스테르, 로베르 시피옹, 루이 스갱, 주느비에브 세로, 시몬 시뇨레, 장-클로드 실베르만, 클로드 시몽, 르네 드 솔리에, D. 드 라 수셰르, 장 티에르슬랭, 르네 창크, 베르코르, 장-피에르 베르낭, 피에르 비달-나케, J.-P. 비엘포르, 클로드 비쉐, 일리프, 르네 자조.

반 론

「121인 선언문」(이하 「선언」)에 관한 미셸 쿠르노의 견해에 몇 가지 지적을 하지 않을 수 없다.

쿠르노는 「선언」의 형태를 비판한다. 그는 선언문이 부르주아적이라 말하는데, 그건 '프롤레타리아'가 이해하기에는 너무 섬세해 보인다는 이유 때문이다. 이런 판단이 드러내는 프롤레타리아의 지성에 대한 일종의 무시에 대해서는 접어 두기로 하자. 부르주아식·프롤레타리아 식이라는 낡은 어휘의 사용이나, 민중들에게는 프롤레타리아 식으로만 말해야 한다 등의 생각이 불러올 비판에 대해서는 굳이 언급하지 말기로 하자. 단지 「선언」이 출신과 전문분야가 매우 다양한 지식인들에 의해 집단적으로 작성되었다는 사실을 주목하도록 하자. 그들은 나름대로의 방식과 언어로 의사를 표명하였다. 그 언어를 쿠르노는 지나치게 섬세하다고 탓하고, 또 다른 이들은 너무 예리하다고 평했지만, 사실 그것은 무엇보다도 상황을 제대로 분석한 후 판단하고 결정하려는 노력을 기울인 언어이다. 하나하나의 문장이 논의되고, 가늠되고, 심사숙고되었다. 결코 문체의 기교가 문제되지는 않았으며, 오히려 정당한 결론의 단순성에 도달하기 위해 마치 익명으로 말하듯 하는 것이 중요했다.

「선언」이 직접 젊은 노동자와 농민을 상대로 작성된 글인 것처럼, "프롤레타리아를 향한 어투가 아니다"라고 쿠르노는 말한다. 곤혹스러울 정도로 경솔한 단언이다(아무도 읽을 수 없고 아무도 그 해석을 통제할 수 없는 금지된 글을 분석하는 만큼, 쿠르노는 더욱 조심스럽게 글의 의도들을 존중할 의무가 있었을 터이다). 사실 「선언」은 매우 분명하게 누구를 향한 선언인지를 밝히고 있다. 알제리전쟁에 직면하여 거부나 참전을 결정해야 할 젊은이들을 향해서가 아니라, 현 상황에서는 더 이상 유효하지 않은 전통적 가치들을 들이대면서 그들을 섣불리 판결하고 처단하는 모든 사람들을 향한 것이라고. 이 판관들이 누구인지 우리는 알고 있다. 거기엔 단지 사법기관만이 아니라 더 결정적으로 각종 단체들, 언론기관들, 여론국가에서 국민들의 의견을 형성하고 왜곡하는 데 관여하는 모든 것이 해당된다.

몇몇 공산당 지도층의 「선언」 비판에 대해서도 쿠르노는 그릇된 해석을 내리고 있지만, 우리는 다음과 같은 사실을 지적하는 데 그칠 것이다. 우선 다수의 공산주의 지식인들이 「선언」에 서명한 것은 엄연한 사실이다. 발표 직후 몇 주 동안은 「선언」이 『뤼마니테』(L'Humanité, 공산당 기관지)에서도 호의적으로 평가되었음은 또 하나의 기정사실이다. 모리스 토레즈*가 반대 의사를 분명히 밝힌 것은 시간이 조금 지난 후였다. 그런데 같은 시점에 공산당 지도층이 불복종에 동조하는 시위는 모두 철저하게 배제했던 프랑스학생연합(UNEF)**의 계획에도 반대 입장을 폈던 것으로 보아, 결국 토레즈의 부정적 판단은 「선언」의 내용이나 형식에 근거한 것이 아니라 더욱 포괄적인 거부감 때문이라고 결론지어야 한다. 그리고 이 거부감이 그토록 결정적인 시기에 상당수 노동자 계층이 실제로 방관적 태도를 취하도록 만들었던 것이다. 끝으로 쿠르노는 사실, 몇몇 공산주의자들을 포함한 적잖은 사람들을 뒤이어 「선언」이 비효율적이라고 비난한다. 이상한 비판이다. 거기에 대해서는 「선언」이 무엇인가를 상기시킬 수밖에 없다. 그것은 하나의 판단 행위이다. 알제리전쟁과 군부의 정치권력화로 규정된 현 상황에서 무엇이 정당하고 무엇이 정당하지 않은가를 단호하게 결정하는, 분명 중대하기 그지없으나 지적인 행위이다. 「선언」에서 구호나 실질적인 지침을 찾는다면 그것은 그 취지를 변질시키는 것일 뿐 아니라 '약화' 시키는 일이 될 것이다. 수많은 증언들을 통해 확인할 수 있듯이 「선언」이 프랑스에서뿐 아니라 전 세계적으로 그토록 대단한 폭발력을 가질 수 있었던 것은 왜일까? 그것은 명백한 하나의 이유 때문이다. 단순한 말과 말 고유의 권위를 가지고, 그 말이 꼭 필요했던 순간에 예술인과 지식인들(그들 중 대다수는 정치 활동과 무관한 사람들)이 국가가 그 내부 혹은 주변에 근본적 자유를 위협하는 억압적

---

* Maurice Thorez(1900~1964) ; 1930년부터 1964년까지 프랑스 공산당 제1서기 역임. 프랑스 공산당의 초창기, 성숙기, 전성기(1946년 총선 제1당, 당원 80만 명, 득표율 28.2%, 의석 182석), 쇠퇴기를 함께한 프랑스 공산당의 상징적 인물.—옮긴이

** Union Nationale des Étudiants de France ; 1907년 결성된 프랑스 학생 전국연합. 1960년 10월 27일 알제리전쟁반대 대규모 시위를 감행한 바 있다.—옮긴이

권력을 생성하거나 생성을 방임할 때는, 거부하고 규탄하는 것이 시민 각자의 권리임을 상기시켰기 때문이다. 단지 그뿐이다. 그것이 비효율적인가? 그럴 수도 있다. 이 단순한 발언에 따른 각종 정치적 후속 결과들이 이미 그렇지 않음을 웅변해 주긴 하지만 말이다. 그래도 이런 종류의 말, 즉 판단의 발언은 실질적이고 정치적인 효율성 계산에 종속되기를 거부하는 데서 그 모든 효율성을 얻는다는 한 가지 사실만은 지적하기로 하자. 어느 순간 어떤 결과가 따르든, 어떤 대가를 치러야 하든 발언해야만 한다. 거기에 그 말의 진실이 있고, 거기에 그 말의 힘이 있다. 그것은 정의의 말이다.

물론 권력은 말하는 이들을 언제든 체포하고 처벌할 수 있다. 그러나 말 그 자체는 불가침이다. 그것은 선언되었고, 그 말한 바는 변함없이 남을 것이다. 여기 「선언」이 말하고 있는 것, 그것은 단 하나의 단어, 바로 극단의 거부라는 중대한 단어이다. 인류 역사의 모든 결정적인 순간에 몇몇 이들, 간혹 많은 이들이 언제나 거부할 권리를 수호해 왔다. "우리는 (그렇게) 할 수 없다." "여기까지다. 더 이상은 어떻게 할 수 없다." 그것은 근본적인 대책이다. 그런 권리를 우리는 모두 주시해야 한다. 그것이 허투루 사용되지 않도록 재확인하고 유지하면서 '아니오라고 말할 수 있는 최후의 대책'이라는 본래 모습을 간직하도록 지켜야 한다.

마들렌 샵살과의 대담*

샵살 : 「선언」에 서명하신 이유는 무엇입니까?

블랑쇼 : 우선 선언은 그 자체로 완결성을 지닌 중대한 행위라는 말을 하고 싶습니다. 모든 개별 설명은 선언을 약화하고 완화하거나, 혹은 그 주요 특징의 하나인 집단적 성격을 감소시킬 위험이 있습니다. 이런 사실을 전제하고 좀 전의 질문에 답하자면, 서명은 정치적 작가로서나 정치 투쟁에 뛰어든 시민으로서가 아니라, 비정치적인 작가로서 그리고 본질적으로 자신과 관계된 문제들에 대해서 의견을 밝혀야 할 상황에 처한 작가로서 결정하게 되었습니다. 그 문제가 어떤 것인지 말해 보도록 하지요. 우리는 프랑스 젊은이들이 알제리인들을 향하여 총구를 겨누기를 거부했다거나 알제리 투사들을 도왔다는 이유로 수사받고 있음을 알고 있습니다. 이는 엄연

---

* 주간지 『렉스프레스』(*L'Express*)를 위해 블랑쇼가 마들렌 샵살(Madeleine Chapsal)에게 허락한 이 대담은 『렉스프레스』의 게재 거부로 결국 『카이에 리브르』(*Cahiers libres*), no. 14, François Maspero, 1961년 1월, 「불복종의 권리」(「121인 선언문」특집)에 「선언」의 다른 서명자들의 대담과 함께 실렸다.

한 사실입니다. 이 사실들을 우리가 지어내지는 않았습니다. 이것은 누구나 아는 사실들이고, 누구나 이야기하고 있으며, 언론·정당·판사들 모두가 나름의 판관이 되어 심판하고 있는 사실입니다. 이처럼 중대한 사실에 직면하여 프랑스 국내와 국제 여론을 향해 열린 토론의 장에서 우리들은 침묵을 벗어나 확고하게 입장을 밝힐 의무가 있다고 생각했습니다. 이 발언의 결정은 우리가 발표한 글의 마무리 선언조항에 포함되어 있습니다. 「선언」이 가지는 중요한 의미들 중의 하나는 지식인 고유의 책임감을 천명한 것입니다. 민주적 질서가 훼손되거나 무너질 때는, 정치적인 모든 소속을 초월하여 오로지 단순한 언어로 무엇을 옳다고 생각하는지를 말해야 합니다. 그것이 지식인들의 몫입니다.

그리고 불복종이 하나의 권리가 되었다고 말씀하셨지요?
예. 사실 선언문이 가지는 힘, 모든 폭발력은 단 한 단어 '불복종'이라는 중대한 단어, '불복종의 권리'라는 극단적 거부를 공표한 그 권위에서 나온다고 생각합니다. 의무가 아니라 권리임을 강조하고자 합니다. 어떤 이들은 별다른 생각 없이, 「선언」이 의무로 표명되었기를 바랐던 것 같습니다. 아마도 의무라는 표현이 권리보다 훨씬 더 강력하다고 믿기 때문이겠지요. 그러나 그렇지 않습니다. 의무는 그것을 포괄하고, 보증하고 정당화시켜 주는 정신 도덕과 관련되어 있습니다. 의무가 있을 때 사람들은 눈 딱 감고 맹목적으로 그것을 수행하면 됩니다. 그러니 모든 것이 간단하지요. 반면에 권리는 오직 그 자신과 그것을 통해 표현되는 자유의 행사와 관련되어 있습니다. 권리는 각자가 자신을 위해서, 자신에 대해서 책임을 지며, 각자를 전적으로 그리고 자유롭게 개입시키는 자유로운 힘입니다. 이보다 더 강력하고 이보다 더 중요한 것은 아무것도 없습니다. 따라서 '불복종의 권리'라고 해야 하며, 각자가 최종결단을 내려야 합니다. 그렇지만 반드시 '알제리전쟁에 관한 불복종의 권리'라고 명시해야 합니다. 분명히 할 점은 우리의 선언이 무정부를 표방하지 않는다는 사실입니다. 모든 상황에서 국가의 권위를 부인하거나 비판하는 것이 아닙니다. 「선언」이 더욱 강경하게 많은 것, 모든 병역의무를 전반적으로 거부할 권리를 표명하길 원했던 사람들이 있었다면, 이들은 사실 양심을 편하게 해줄 하나의 알리바이, 현실과는 무관한 절대적 권리에 대한 이론적 표명이 제공하는 거부를 원했던 것일 뿐입니다. 그렇지만 정작 중요하고 결정적인 것은 알제리전쟁과 군사권력의 정치세력화라는 두 가지 조건에 의해 구체적으로 규정된 현 상황 안에서, 전통적인 시민의 의무들은 강제적 도리로서 더 이상 가치를 갖지 못한다는 사실을 천명하는 것입니다. 「선언」이 되돌아보게 하는 본질적 의미는 그것입니다.

불복종을 언급하는 것이 국가를 무정부 상태로 이끌 수 있다는 걱정은 안 하시는지요?

정작 무정부 상태는 군대가 정치권력이 되도록 방치한 사실과 현 정권이 군사 쿠데타에 의존해 권력을 장악했다는 사실, 그로 인해 현 정권이 나름대로 고고하게 대표한다고 자처하며 우리에게도 강요하려는 절대적 질서에 이미 불법성의 낙인을 찍었다는 사실에 있습니다. 1958년 5월 이후, 우리는 무정부 상태에 처해 있습니다. 바로 이것이 우리가 어렴풋이 깨닫고 있는 진실입니다. 58년 5월 이후 군대는 국가 운명 전반에 결정권을 행사하려는 정치권력이 되었음을 우리 각자가 알고 있기 때문입니다. 군대가 가진 엄청난 물리력과 때마침 알제리전쟁이 군대에 부여하는 비중으로 인해 현 군부의 위세가 정부를 뒤집을 수도, 정체(政體)를 바꿀 수도, 군부의 선택을 강제할 수도 있음을 우리는 잘 압니다. 이러한 군 세력의 변질은 전례 없이 심각하고 지극히 중대한 사실입니다. 그래서 우리는 병역의무의 수행 거부는 이 시점부터 확연히 다른 의미를 갖게 됨을 말하고자 합니다. 군이 정치적 태도를 가질 권리를 주장하는 순간, 그 반대급부로서 프랑스 젊은이들은 다수의 군 고위층들이 획책하는 군대의 정치정당화 작업에 편입되기를 받아들일 것인지 아닌지를 판단할 권리를 가져야 합니다. 어떤 젊은이들은 받아들입니다. 그럼 됐습니다. 다른 젊은이들은 거부합니다. 이 거부는 이제부터 기본적인 권리입니다.

불복종은 대단히 중대한 행위입니다. 젊은이들을 그들의 인생 전체를 바꿔 놓을지도 모를 이 중대한 행위로 몰아간다는 우려는 없습니까?
알제리전쟁이 부당하고 범죄적이라고 말하는 것을 인정하는 순간, 우리는 이 전쟁에 몸담지 않고 거부해야 할 모든 근거를 말한 셈입니다. 드골 장군이 플룅* 회담 이후 세 차례나 알제리전쟁과 전투들은 부조리하다고 엄숙하게 선언한 만큼, 그는 스스로 프랑스 젊은이들에게 이제부터 이 전투에 참가하는 것은 무의미 그 자체에 참가하는 것이나 같음을 경고한 것입니다(만일 그게 아니라면 그의 말이 무의미한 것이겠지요). 우리가 말한 것도 그리고 말하고 있는 것도 바로 그것입니다. 단 한 가지 사실만 덧붙이자면 대다수 프랑스인들은 내심 막연하게 이 전쟁이 부당하고, 부조리하다고 느끼고 있습니다. 따라서 그들의 자식들이 참전하는 것에 대해 반기를 들고 나서리라고 추측할 수도 있습니다. 그러나 뒤집어서도 생각해야 합니다. 그들의 아들이 병역의무는 당연한 것이라고 생각해 자동적으로라도 참전하기 때문에, 그들은 이 전쟁의 부당성을 더는 인정할 수 없게 되고 공모자가 되어 버립니다. 이렇게 군대는 모든 이들을 장악합니다. 군대는 젊은이들을 육체적으로 장악하고, 점차 바꿔 놓으므로 부모들 역시 자식들에 연대하여 공모자가 됩니다. 이것이 바로 덫입니다. 군대는 이렇게 작동하는 덫입니다. 우리는 이를 직시하고 알려야 합니다.

이 「선언」에 서명하는 것이 정치적 행동력을 가질 수 있다고 생각하십니까?
과연 정치적 실효성이 있을지 궁금하다는 것이지요? 이렇게 답하고 싶습니다. 선언문은 어떤 즉각적인 정치적 효용성도 내세우지를 않습니다. 좀더 정확히 말하자면, 선언문은 그것이 실질적이며 정치적인 효율성 계산을 배제했다는 점에서 효율적이 될 수 있습니다. 예를 들어 적당한 선에서 타협한 문안을 작성하여 최대한의 서

---

* Melun; 프랑스 지명, 1960년 6월 25~29일에 알제리 임시정부와 프랑스 정부의 회담이 열렸던 곳. 믈룅 회담은 자체 성과 없이 끝났지만, 알제리전쟁 종결과 독립을 의결한 에비앙조약(Accords d'Évian, 1962년 3월 18일)의 준비 작업으로 평가받는다.─옮긴이

명인을 모을 생각을 했다든가 하는 계산을 앞세웠더라면, 오히려 그 유효성을 상실했을 것입니다. 본 「선언」은 판단 행위이며 그것이 선언문의 의미이자 힘입니다. 단순한 항의 성명이 아니라 '선언' 입니다. 합법적인 권위가 부재하는 상황에서 무엇을 거부해야 하며 무엇을 주장해야 할 것인가를 결정하는 선언입니다. 그러니까 그저 말일 뿐이냐고요? 사실입니다. 그러나 중대 발언의 권위를 온전히 갖춘 말입니다. 그것을 긍정하는 이들은 이제부터 그 말에 책임을 느끼며, 어떤 결과가 오든 차분하고 단호하게 끝까지 지지할 준비가 되어 있습니다.

사법부와의 관계에 대하여*

사법부와 나의 관계에 대하여 단지 개인적인 우리들 각자의 경우는 일고의 중요성도 없다는 사실만을 말해 두고자 합니다. 그래도 묵과할 수 없는 일이 하나 있기는 한데, 바로 어제의 일입니다. 드브레 씨가 우리들의 기소를 위한 소위 법률 서류라는 것을 손수 찢는 수고를 하셨습니다. 서명인 중에서 "특별 언동으로 눈길을 끄는 자"들만 법정에 서게 될 거라고 엄포를 놓으며, 그는 결국 정치적 행위나 정치적 반대를 탄압하기 위해서 법관들을 동원할 작정임을 노골

---

* 이 글은 「우리가 서명한 알제리전쟁에서의 불복종의 권리선언」이라는 제목으로 실린 원문의 부분 번역이다. 원문의 전반부는 바로 앞에 실린 마들렌 샵살과의 대담과 내용이 동일하므로 번역을 생략하고 대담에서 제외된 후반부만 옮긴다. 원문의 첫줄을 제목으로 사용하고 있는 원본에 맞추어 우리는 번역문의 첫 줄을 제목으로 뽑았다.

알제리는 단순히 수탈의 기지였던 식민지들과 달리 1848년 이후 행정상으로 프랑스 본토에 편입된 영토였고 100만 명의 프랑스인들이 이미 몇 세대에 걸쳐 거주하고 있었으므로 프랑스로서는 포기를 결정하기가 더욱 어려웠다. 알제리 독립 이후 본토로 대거 귀국하게 된 북아프리카 출신 프랑스인들(피에 누아르pieds-noirs)의 문제, 끝까지 프랑스 편에 섰다가 알제리와 프랑스 양쪽으로부터 버림을 받은 알제리인들(아르키harkis)의 처참한 말로가 제기하는 문제, 전쟁 중 자행된 고문과 학살의 문제 등 알제리전쟁은 프랑스 현대사의 민감한 환부와 직결되어 있다. (다음 페이지에서 계속)

적으로 드러냈습니다. 우리가 반드시 기억해야 할 자백인 셈입니다. 사법권을 무시하는 비정상적 태도를 입증한 것이기도 합니다. 당국이 주저하지 않고 정치적 반대 죄목을 부활시켜야 하겠다고 판단할 정도로 급박한 상황에 진입했다는 방증입니다. 끝으로 가장 특이하고 놀라운 것은 "그들 중 특별한 언동으로 눈길을 끄는 자"라는 표현인데, 정부가 「선언」의 서명인들 중에서 입맛대로 선별할 권리를 독점하고 있다는 말입니다. 공포·증오·정치적 변덕을 빼면 어떤 기준도 없으니 순전히 '멋대로'라는 것입니다.

모리스 블랑쇼

「알제리전쟁에서의 불복종의 권리선언」은 프랑스의 여론을 양분하며 격렬한 비판과 지지를 동시에 받았다. 이 「121인 선언문」과 정반대 입장으로 알제리 식민지 사수를 지지하는 유명인사 185명이 서명한 「포기에 저항하는 프랑스 지식인들의 선언」(Manifeste des intellectuels français pour la résistance à l'abandon)이 『르 피가로』(Le Fiaro)지에 발표되기도 하였다. 그러나 미래의 방향을 제시하며 역사에 남은 것은 결국 「121인 선언문」이었음은 새삼 언급할 필요가 없다. 블랑쇼는 이 선언문의 작성을 주도하였다는 죄명으로 기소되었고, 서명인 다수가 불복종과 탈영 교사죄 등으로 기소되기도 하였다. 그러나 프랑스 정부의 이러한 강경 대응은 121인 중 한 명이었던 사르트르에 대해 드골이 남긴 유명한 말, "볼테르를 감옥에 가둘 수는 없다"는 발언을 기점으로 조용한 진화 쪽으로 선회한다. 9월 초의 선언문 발표 이후, 기소가 취소되기 전까지 블랑쇼는 「121인 선언문」의 취지를 설명하고, 기소와 심문에 따른 입장을 표명하기 위한 여러 편의 글을 썼다. 그 중 「반론」과 「마들렌 샵살과의 대담」 두 편이 발표된 최종 형태이며 그와 관련한 여러 초안들이 그의 문서철에 보관되어 있다. 이 초안들을 『정치평론』 갈리마르판은 모두 수록하고 있는데 우리는 「우리가 서명한 알제리전쟁에서의 불복종의 권리선언」의 후반부 「사법부와의 관계에 대하여」를 옮기고 나머지 3편의 글(「불복종의 권리선언은 항의를 위한 선언이 아니다」, 「우리에게 가장 중요한 것은」, 「나는 작가로서 이 선언문에 서명하였다」)은 번역에서 제외하였다. 「반론」과 「마들렌 샵살과의 대담」에 그 핵심 내용이 모두 들어 있기 때문이다.—옮긴이

판사의 심문

판사: 이 글의 주저자임을 인정하십니까? (혹은) 공동저자임을 인정한다는 것이 정확히 무슨 의미입니까?

블랑쇼: 우선 예비선언을 해두겠습니다. 지식인으로서 나는 서명을 한 순간부터 이 글에 전적으로 책임이 있음을 인정하며 이를 선언합니다. 핵심은 서명을 하였다는 사실입니다. 서명은 내가 이 글에 동의함을 의미할 뿐 아니라, 이 글과 하나가 되며 바로 이 글 자체임을 의미합니다. 서명인 각자는 지금 당신 눈앞에 있는 그대로, 발표된 그대로의 선언서와 일체감을 느낍니다.

책임 소재를 나누는, 소위 책임의 경중을 가리려는 모든 시도는 근본적으로 잘못된 시도인데, 집단 서명된 공동선언문의 진실을 모르고 하는 일입니다. 그 진실이란 "각자 자기 몫의 책임이 있는 동시에 전원이 전문(全文)에 대하여 전적인 책임을 지고 있기도 하다"는 것입니다. 모든 집단 텍스트의 의미인 이 단언에 반하여 당신이 내게 진술시키려는 것은 모두 허위이며 원천 무효입니다.

덧붙이건대 서명인 각자는 '동등하게' 유일한 저자로 간주되어야 하므로 내가 이 텍스트에 전적인 책임을 느낀다고 인정한다면 그 책임감을 나는 포괄적·전반적으로 수용하는 바이지만, 세부 사항을 언급하지는 않겠습니다. 당신이 관련시키길 원하는 모든 차원에서 나는 책임을 받아들이겠지만, 나의 서명에 의해서 규정되는 지적이고 이론적인 책임감에 입각한 책임을 말합니다. 원하신다면 이 이론적인 책임감을 물적인 책임감의 어휘로 번역하십시오. 내가 수용하는 전반적이며 이론적인 책임의 파생결과로서 그 구체적인 번역 또한 받아들이겠습니다. 그러나 그 번역은 당신이 하십시오. 분명 잘못된 생각이지만 당신은 오직 가시적인 책임감만을 인정하는 듯 보이기 때문입니다. 그 번역에 나는 관여하지 않습니다.

이런 선언문 작성은 언제부터 계획된 것입니까?
58년 5월부터. 그때부터 우리는 군부가 정부를 무너뜨리고, 정체를 바꾸고 군의 결정을 강요할 권한을 가진 정치세력이 되었음을 명백히 깨달았습니다. 군사세력이 정치권력으로 변질했다는 것이 우리 선언문이 확인하는 핵심 사실, 전례 없이 심각한 사실입니다.

이 선언문의 주모자들 중 한 명이라는 사실을 인정합니까?
누가 주동자였는지를 가려내기 위해 이러저러한 참가자들을 구분하는 것은 근본적으로 잘못된 일임을 선언합니다. 이 사실을 분명히 한 다음, 나는 수백 명의 다른 이들과 함께 선언문의 주동자임을 인정할 준비가 되어 있으며 이것은 내가 전적으로 인정하는 이론적·지적 책임감에 입각한 것입니다. 이 선언문의 배후 세력이라면 사실은 역사적 사건, 58년 5월 사태·알제리전쟁·군부와 드골 대통령입니다.

그러나 선언문 도입부에는 특정 인사 몇몇이 주도했음을 명시하고 있지 않습니까?

그것은 선언문의 일부가 아니며, 거기에 대해서는 할 말이 없습니다. 사실 그다지 정확한 표현으로 보이지는 않습니다. 내 생각에 그 부분은 선언문이 하루아침에 작성된 것이 아니며 오래전부터 구상되어 왔다는 것. 그 선언문은 깊은 성찰의 대상이었으며, 성찰이란 작가·예술가·대학생과 대학교수들에게 속하는 본질적으로 능동적인 자질인 만큼, 그들이 내준 동의는 이미 심사숙고된, 능동적이며 전적인 것임을 의미할 뿐입니다.

서명을 권유했나요?

그 표현은 완전히 빗나간 것입니다. 이 정도로 중대한 선언문의 경우, 그것을 작가들에게 보여 주고 그들에게 "여기 서명하시지요"라고 권유할 문제는 아닙니다. 서명이란 선언문에 대한 실제적 참여입니다. 당신이 말하는 바의 서명 권유라면 누구도 그런 일을 한 적이 없습니다. 각자가 다른 지식인들과 더불어 이 선언문이 담고 있는 문제들을 논의했을 수는 있으며, 어쩌면 논의했어야 하였겠지요.

이 선언문을 유포했음을 인정하십니까?

유포라니 정확히 무슨 의미입니까? 내가 말하는 전적인 의미로 한 작가가 이런 종류의 글에 서명하는 순간──물론 가슴 속에 담아두기 위한 것은 아닙니다──선언문은 '외부에 존재' 합니다. 서명한다는 것은 그것을 승인하고 자신의 권위로 보호하는 것입니다. 선언문을 승인한 사람이 왕래한다는 의미에서 이미 그것은 선언문을 오고 가게 만드는 것입니다. 내가 선언문에 대해 친구들에게 말한다면 이미 나는 그것을 유포하고 있는 것입니다. 내가 아는 이들에게 "이러저러한 내용의 중요한 글이 있다"라고 편지를 쓸 때도 나는 유포하고 있는 것입니다. 내가 몇 구절을 옮겨 쓰거나, 봉투에 선언문을 넣고 봉인하여 개인 서신처럼 보낸다면, 그 역시 유포 행위이긴 마찬가지입니다. 현재 수천 명의 유포자들이 있습니다. 「선언」이 프랑스와 외국에서 지식인들의 대담 주제가 되고 있기 때문입니다.

불복종 교사죄를 인정합니까?

그 죄를 인정하지 않을 뿐 아니라, 현 상황에 반역과 불복종이라는 말을 적용하는 당신들 판사·정부야말로 단어들의 남용과 불법사용의 죄를 짓고 있음을 지적합니다. 수치스러운 알제리전쟁과 그 전쟁으로 인해 군대가 정치권력으로 변질된 특수한 현재 상황에서 전통적인 시민의 의무는 더 이상 유효하지 않기 때문입니다.

판사의 심문에 대하여*

군 불복종 교사죄라는 우리들의 새로운 혐의 사실에 대한 판사의 질문에 나는 무엇보다도 다음과 같이 답하였다: 프랑스 사법부, 특히 1953년 1월 보르도 군사재판소는 독일 병사들이 상급자들이 내린 비인간적인 명령에 불복하지 않았다는 이유로 그들을 처벌함으로써 도덕적·법적으로 군의 불복종 권리를 정초하였다.

우리가 불복종의 권리를 주장할 때, 그것은 언젠가 프랑스 장병들을 국제법의 심판에 처하게 할 범법행위를 그들이 하지 않을 권리를 요구하는 것이다. 우리는 프랑스 판관들에게 그들이 과거에 적용하였던 법에 합치하도록 판결할 것을 요구한다. 그 법은 소위 국가적 필요라는 것에 반할지언정, 비인간적이지 않을 것과 억압자가 되지 않을 것을 우리 모두의 의무로 규정하는 법이다.

---

* 블랑쇼의 (편지를 제외한) 모든 글처럼 날짜는 명기되어 있지 않다. 이 심문은 법적으로 '군 불복종 교사'로 지칭된 두번째 혐의에 관한 것이다.

3장

—

국제잡지 기획

1960~1964

장—폴 사르트르에게 보내는 편지

친애하는 사르트르,

말씀하신 잡지의 변형 기획에 대한 나의 몇 가지 생각들을 전하고
자 합니다. 알제리전쟁에 대한 우리들의 선언문 발표라는 사건과
관련하여 당신이 그러한 기획을 하게 되었음은 대단히 중요한 일이
라 하겠습니다. 우리의 지적 미래가 그 기획이 어떻게 실현되는가
에 달려 있다고도 할 수 있습니다.

　이미 감지하신 바와 같이 중대한 의의를 가진 움직임이 발생하였
습니다. 지식인들, 말하자면 지금껏 자신들의 고유 활동에 대해서
만 관심을 가졌던 것으로 보이는 대다수 지식인들·작가·예술가·
학자들이 그들의 활동에 따르는 의무를 인식하였고, 이러한 의무가
이제 그들을 급진적인 정치적 발언으로 인도할 수밖에 없음을 깨달
았습니다. 그들의 말이 결단의 힘을 지니고 있음과 그들 또한 단순
한 책임감을 능가하는 막중한 움직임에 의해 그 결단에 답해야 함
을 그들은 알게 되었습니다. 이 못지않게 중요한 또 하나의 사실은

그들이 함께하기의 한 방식을 경험했다는 것입니다. 단지 선언문의 집단적 성격만을 거론하는 것이 아니라 그 비인칭적 힘, 선언문에 서명한 모든 이들이 물론 그들 각자의 이름을 적어 넣었지만, 자신들의 개인적 진실이나 명성을 앞세우지는 않았다는 사실을 고려하며 하는 말입니다. 선언문은 그들에게 주목할 만한 특별한 관계를 통해서 이름들의 익명적 공동체라 할 수 있는 것을 표상하였는데, 사법부가 직감적으로 와해시키려고 하는 것이 바로 이 관계입니다.

지식인들은 그들이 대표하는 새로운 힘을 느꼈으며 어렴풋하게나마 이 힘(힘없는 힘)의 독창성을 깨달았습니다. 동시에 정치적 지휘 기구들은 정부 측에서나 반대 진영에서나 놀라움과 분노를 감추지 못하면서도 이들 역시 그 힘을 자각하였던 바, 한편에서는 확인을 통해서 또 다른 한편에서는 처벌을 통해서 일시적으로 그 힘을 긍정하는 데 기여하였습니다. 정부의 혼란스러운 대응은 여기에서 기인합니다. 초기에는 어설픈 강경함으로 우리에 대한 타도 의지를 과시하다가, 이제는 사건을 잠재우고 문제를 가라앉혀, 무의미하게 만들려고 시도합니다.

내가 몇 차례 말한 바 있고 내심 언제나 믿어 왔던 사실, 다름 아니라 선언은 그것이 무엇인가의 시작일 때에만 진정한 의미를 가질 수 있으리라는 사실을 당신은 상기시켰습니다. 최근의 일에 대해 깊이 생각해 본 사람들 중 여럿이 그 같은 취지에 공감하였고, 그들 나름대로 이 출발점의 진실을 표명하려고 노력 중입니다. 들은 바에 따르면, 지난번 우리가 만난 이후 모리스 나도(Maurice Nadeau) 역시 당신과 비슷한 구상을 했다고 합니다. 선언이 부각시켰던 정치적 책임과 문학적 책임 사이의 새로운 관계를 가시화하기 위해 당신이 『레 탕 모데른』(Les Temps Modernes, '현대')에 문학 지면을 확대하려는 것처럼, 역방향이긴 하지만 동일한 전망에 입각하여 모리스 나도는 그의 잡지에 정치·사회 평론의 비중을 높일 작정이랍니다.

이 모두가 중요하고 의미심장하다고 생각합니다.

그러나 솔직히 말하자면 두 경우 모두 그 변화들이 내게는 충분해 보이지도, 의도하는 만큼의 변신에 걸맞아 보이지도 않습니다. 기획대로라면 우리가 어떤 잡지들을 가지게 되겠습니까? 결국 외부에서 보자면 좀더 문학적인 『레 탕 모데른』, 좀더 정치적인 『레레트르 누벨』(Les Lettres Nouvelles, '신문예') 아니겠습니까. 상당한 것이지만 아무것도 아닐 수도 있습니다. 각각의 경우 굳어진 습관들이 주도할 위험성이 높기 때문에 더욱 그러합니다. 경험에 의하면 위험을 감수하면서 잡지를 혁신할 수는 있어도, 옛 잡지를 가지고 새로운 힘을 가진 새 잡지를 만들 수는 없습니다. 여하튼 그것은 대단히 어려운데, 부분적으로 갱신되었을 뿐인 물질적 수단들을 사용하여 아주 새로운 것을 실현하여야 하기 때문에 보다 강력한 단절의 의지를 요구합니다.

내 의견을 말하자면, 우리가 철저하고 분명하게, 모두가 예감하고 있는 변화를 표상하고 그 생동하는 현전, 그 새로운 진실 안에서 그 변화를 더욱 현실화하고 심화하기 원한다면 그 일을 위해 우리에겐 반드시 새로운 기관지가 필요합니다. 만일 사람들이 「121인 선언문」의 다른 서명인들과 함께 사르트르가 의도적으로 새롭게 선택된 이 형태를 통해 발언하기로 결정하는 것을 본다면 각자가 작가들이나 막연한 독자들만 지칭하는 것이 아니라, 모든 지적인 젊은이들이 진정으로 우리가 새로운 단계에 진입하고 있으며, 무언가 결정적인 것이 다가와 뚜렷해지고 있음을 이해할 것입니다. 덧붙여 말하면 내가 새로운 기관지를 구상하는 데는 다른 이유도 있습니다. 아름다운 문학서사, 아름다운 시, 정치 논평, 사회적·인류학적 탐사 등등이 나열된 잡지의 미덕에 나는 회의적입니다. 이런 혼합은 언제나 모호하고, 진실도 필연성도 결여되기 십상입니다. 나는 오히려 '총체적 비평' 잡지, 문학이 (문학 텍스트의 도움도 빌려) 그 고유의 의미 안에서 다시 이해되고, 흔히 잘 노출되지 않는 과학 발견들도 총체적 비평을 거치게 되고, 우리 세계의 모든 구조, 세계의 모든 존재 형태들이 동일한 검토와 탐구·비판의 흐름을 함께 통과해야 할 비평. 따라서 비평이라는 단어가 총괄적이라는 그 참뜻을 회복하게 될 잡지가 오늘, 정확히 현 시점에서 지대한 중요성과 행동력을 가질 것이라 믿습니다. 어려운 일임을 잘 알고, 물론 논박의 여지도 있겠지만 우리의 출발점이 되어 줄 수 있기에 적어도 우리가 고민해 볼 가치가 있는 기획입니다. 잡지라는 문학적 현실의 형태에 참가하고, 그로 인해 능력에 맞지 않는 역할을 책임지는 데 대한 나 자신의 거부감을 잘 알고 있습니다. 우리의 기획이 나를 「선언」에 가담하게 만들었던 모든 명분들을 재결집하여 발전시켜 나갈 수 있을 만큼 충분히 강력한 경우에만 이러한 나의 거부감을 떨치고 나설 수 있을 것입니다. 현재의 심각한 상황이 악화일로를 걷게 될 위기(무력행사는 단지 위기의 하잘것없는 측면에 불과할)를 향해 우리가 가고 있음을 모두가 잘 압니다. 이런 전망을 공유하며 나아가 더 멀리를 내다보면서, 우리가 「선언」을 통해서 매우 효율적으로 협동하기 시작했던 바와 같이 함께 일할 수 있다면 기쁘겠습니다. 물론 이 합의가 우리 둘 사이의 것이 아니라 현재 진행 중인 사태를 온전히 이해하는 모든 지식인들 사이의 합의가 되어야 함은 당연한 일이겠지요. 새로운 잡지가 표상해야 할 것은 바로 이 합의입니다.

1960년 12월 2일, 파리

모리스 블랑쇼

기획의 중대성

I.

1. 기획의 중대성; 우리 모두는 우리가 시간의 급격한 움직임, 시대 변화라고 부를 만한 것을 향해 다가서고 있음을 깨닫고 있다. 단지 급변하는 특수한 가능성들(스스로 파생시킨 세력들에 의해 끊임없이 전복될 위험에 처한 프랑스의 정치체제, 세계적으로는 베를린을 비롯한 여러 문제들)만을 두고 하는 말이 아니다. 더욱 심각한 것은 모든 문제들이 국제문제로 변하다 보니, 지극히 사소한 국제문제들도 해결 불가능해진다. 이러한 문제들은 극심한 긴장 상태를 초래하고 표출하는 역할을 할 뿐이기 때문이다. 그리하여 전통적 의미의 평화로 회귀하는 것은 이제는 근원적으로 불가능해졌다. 현재의 긴장 상태에 비하면 고전적 의미의 전쟁마저 긴장의 완화로 보일 정도이다(고로 전쟁의 위험은 고조된다).

이런 역사의 격변기에 약간 더 흥미롭거나 더 나을 뿐인 새 잡지의 창간을 기획한다면 무슨 의미가 있겠는가. 따라서 우리의 기획은 끊임없이 중대성과 연관된 문제로 수렴되어야 하는데, 그것은 곧 하나의 시대에서 다른 시대로의 이행이 상징하는 중대한 수수께끼에 답하도록 노력하는 일이다.

2. 핵심적인 것을 중시하는 우리의 태도는 몇몇 원칙의 준수를 통해서 확인되어야 한다.

—기획은 본질적으로 집단적이다. 국제적 차원에서의 집단기획인 까닭이다. 이 말은 우리 참가자 모두가 공동의 사유를 추구한다는 것이 아니라 우리들의 노력과 질문·자원들을 공동 투입하고, 무엇보다도 우리 자신의 사유 한계를 내면적으로 극복함으로써 새로운 사유를 도출해 낼 수 있을 것임을 의미한다.

당연히 대표부는 제한 없는 집단합의체여야 하며 모두가 전면적으로 참여하여야만 한다. 단지 동의를 표하는 정도가 아니라 실제적으로 활동하며, 이제부터는 자신의 발상과 시간을 제공하고 성찰의 방향도 기획의 완수를 향해 맞춰야 한다. 이 집단적 노력에 대한 확고한 결심이 서지 않았다면 차라리 아무것도 시도하지 않는 편이 더 낫다. 어쩌면 집단합의체 대표부라는 것이 실질적으로 실현 불가능할 수도 있다. 얼마든지 그럴 수 있다. 그렇다면 우리는 포기할 것이다. 그렇지만 우선은 경험을 통해서 검증해 보아야 한다. 그리고 만일 그것이 유토피아라면 유토피아답게 실패할 것을 받아들여야 한다.

—이 잡지는 '잡지'가 아닐 것이다. 달리 말해 우리 시대의 문화적·문학적·정치적 활동의 파노라마식 표현은 되지 않을 것이다. 극히 한정된 소수의 사항들만이 우리의 관심사가 되어야 할 것이다. 달리 말해 모든 것에 흥미나 호기심을 느끼는 것 같은 인상을

주어서는 안 될 것이다. 더 정확히 말하자면 모든 것이 걸려 있는 전체에 대해서만 관심을 기울여야 하며, 언제나 전체에 대한 이 관심과 열정을 유지해야 한다. 더불어 우리의 주요 관심이 전체의 바깥에 있는 것을 향한 것은 아닌지도 따져 보아야 한다.

　─이 잡지는 따라서 교양지는 아닐 것이다. 예를 들자면 우리가 문학에 기울이는 관심은 교양적 관심은 아니다. 우리의 글쓰기는 일반교양을 풍부하게 하기 위한 것이 아니다. 우리에게 주요한 것은 진실의 추구, 혹은 어떤 정당한 요구, 아마도 정의의 요구일 터이며, 그것을 위해 문학의 긍정은 핵심적이다. 문학이 가진 중심에 대한 관심, 언어와의 독특한 관계 때문이다.

　─문학에 대한 우리의 이러한 생각은 실제적으로 중심 시론에 부여된 중요성을 통해 표현될 것이며, 잡지의 나머지 부분은 그 시론을 중심으로 조직되어야 한다. 또한 우리의 생각은 잡지의 어조와 언어에 부여된 중요성, 부차적인 것(서평 등등)을 모두 배제한 형태에 부여된 중요성을 통해서도 표현될 것이다.

II.

1. 일반적으로 하나의 잡지는 이미 형성된 독트린의 표현이거나, 한편으로 존재하는 그룹(초현실주의처럼)의 표현이 될 수 있다. 어떤 잡지는 아직 뚜렷하지 않은 잠재적 경향을 형태화하는 역할을 하기도 한다. 끝으로 하나의 잡지는 초극과 사상적 요구를 달성하기 위한 집단 창작물이 될 수도 있다. 그 존재만으로도 참가자 각자

를 그의 길보다 조금 더 높은 곳으로, 어쩌면 홀로 그가 걸었을 길과는 조금 다른 길로 인도하는 그런 잡지 말이다. 참가자들은 직접 행하지 않은 진술과 더 이상 혼자의 것만은 아닌 연구에 책임을 지며, 원래 스스로 터득한 것이 아닌 지식에 대해 책임을 진다. 이것이 집단 가능성으로서 잡지의 의미이다. 그것은 참가자들에게 저자와 독자의 중간적 위상을 가질 것을 요구한다. 그런 까닭에 본격적인 공동 제작 작업이 필요하다. 만장일치란 가능하지도 바람직하지도 않으므로, 잡지 내부에서도 논의와 대화의 지속이 필수적이다.

2. 우리가 기획하는 잡지에서 이러한 공동작업의 필요성은 더욱 절대적이다. 그것은 국제잡지이며 본질적으로 국제적이어야 한다. 단지 다국적이거나, 추상적 보편성의 의미에서만 세계적이거나, 문제들의 모호하고 공허한 특성만 언급할 것이 아니라, 문학적·철학적·정치 사회적 문제들을 각국의 언어로 규정된 바에 따라, 국가적 맥락 안에서 제기되는 그대로 함께 실어야 한다. 이는 자국의 문제들에 대해서 소유적 관점으로 배타적 권리를 주장하는 것이 아니라, 이 문제들 역시 모두가 공유하는 것임을 인정하고 공동의 전망 안에서 검토하기를 받아들일 것을 전제한다.

따라서 단순한 교류를 위한 잡지가 아니라 질문·토론·대화의 공간이 되어야 한다.

3. 시작을 위해 모두가 인정하는 몇 가지 원칙들을 확인할 필요는 있다.

정치적 지평; 우리 시대에 대해 근본적으로 성찰하고 고민할 것에 동의하고, 질문이라는 단어에 그 온전한 힘과 존엄성을 되돌려

주고, 질문의 가치에 대한 질문까지 제기하기로 작정한 만큼 모든 것을 재검토할 것이다. 그렇다고 맹목적으로 회의적이고 경솔하게, 역사가 우리에게 확실한 검증이나 결정적 수확물을 가져다주지 않았다는 구실로 전적으로 모든 것을 다 의문시하지는 않을 것이다. 예컨대 마르크스주의에 대한 개인적 입장이 무엇이든, 우리는 설령 논박을 위해서일지라도 마르크스주의에 기대고 그것을 기반으로 삼고 있음은 여전히 인정해야 한다. 어느 순간 모든 문제들을 오직 정치적 문제인 것처럼 사고해야 할 필요성. 동시에 모든 문제들을 순전히 정치적인 것이 아니라, 정치적 측면만으로는 규정할 수 없는 총괄적 요구를 문제 삼는 것으로 사고해야 할 필요성. 이 역설적 필요성은 마르크스주의에서 기인하는데, 그것은 우리가 변증법으로서의 마르크스주의를 긍정하도록 유도하는 것이지만, 그렇다고 마르크스주의적 변증법을 답습하도록 강요하는 것은 아니다.

4. 문학과 예술의 요구; 문학과 예술에 (예를 들자면) 마르크스주의적 유형의 비평을 얼마든지 적용할 수 있으며, 이는 전적으로 허용 가능한 일이고 어쩌면 필수적이기도 하다. 단, 그 비평이 낡은 상투어를 반복하지 않고 새로운 것을 말한다는 조건 하에서만 그렇다. 그러나 우리는 문학이 적어도 현 상황에서는 문학 특유의 체험을 구축할 뿐 아니라, 문학 그 자체와 변증법까지를 포함한 모든 것을 문제 삼는 근본적 체험이라는 사실 역시 인정해야 한다. 변증법이 문학을 지배하고, 문학마저 변증법의 발전을 위해 소용되도록 할 수 있으며, 또한 그렇게 해야 한다. 하지만 동시에 문학적 긍정의 양태는 변증법을 벗어나고 그에 귀속되지 않는 것도 사실이다.

문학은 어쩌면 가능성에 속하지 않는 (그런데 오직 가능성만이 변증법과 관련이 있다) 특이한 종류의 힘을 나타낸다. 예술은 무한한 비판이다. 자신에 대한 비판, 힘의 다른 형태들에 대한 비판인데 이것은 단순한 무정부 상태에서가 아니라, 예술과 문학이 표상하는 독창적인 힘(힘없는 힘)의 자유로운 추구 안에서 행해진다.

대단히 간략하고 도식적으로 말하자면 문학을 다음과 같이 바라볼 수 있다.

—문학은 작품의 긍정이다. 작품을 향한 움직임은 본질적으로 수수께끼다.

—문학은 문학 자체에 대한 탐구이며 어떠한 제약도, 어떠한 교조적 감시도 받지 않아야 하는 체험이다. 문학은 오직 창조의 힘에 의거해 자신에 대해 이의를 제기하는 창조적 비판이기 때문이다.

—문학은 아마도 단지 문학만이 아닌 다른 어떤 것이 동시에 모색되는 탐구 자체에 대한 탐구이다(순수문학이라 일컬어지는 문학조차도 문학 이상의 것, 문학 플러스 그 무엇이다. 왜 그러한가? 더해진 그것은 무엇인가? 그렇지만 문학이 문학 이상이라는 필수적 환상에 의해서, 문학 외적인 '진실'의 긍정으로서 완성되지 않는 것은 무슨 까닭인가?).

5. 이로부터 정치적 책임과 문학적 책임 사이의 축소할 길 없는 차이, 나아가 불일치로 귀결되는 것으로 보인다. 정치적 책임은 마르크스주의를 그 특성으로 하며 변증법을 진실 추구의 방법론으로 수용하는 총괄적이며 구체적인 책임인 반면, 문학적 책임은 문학 안에서 문학에 의해서만 형태를 얻을 수 있는 어떤 요구에 대한 응

답이다.

이 불일치는 즉각 해소되어야 하는 것은 아니다. 그것은 하나의 사실이고, 문제로서 존재한다. 그것은 가벼운 문제가 아니라 어렵게 짊어지고 가야 할 문제인데, 그것은 불일치 관계에 있는 양쪽 항 모두에 우리는 전적으로 참여하고 있으며, 어떤 의미에서는 둘 사이의 불협화음까지도 우리의 책임과 참여를 요구하기 때문이다.

6. 그렇지만 해결의 요소들은 존재한다. 그것들을 성숙시키는 것이 우리 잡지의 임무 중 하나이다.

III.

비평과 창작 부문 사이가 분할되지 않은 잡지를 구상한다. 왜냐하면 전반적인 비평적 지식이 아름다운 작품이나 읽을거리만큼 중요하게 소개되어야 하기 때문이며, 창작물들도 암묵적으로 비평(결코 삽화가 아닌)의 역할을 할 수 있고, 비평 또한 창작이어야 하기 때문이다.

세상사의 지적 흐름

각국 편집진이 외국 편집진들과 협력하여 공동 집필한, 당대의 지적 흐름의 일면을 다루는 시론이나 지면에 중요성을 부여한다. 묵시적이든 명시적이든 이 시론은 대단히 자유롭게, 형태에 구애받지 않고 모든 종류의 기획에 부응할 것이다. 우선 출간 도서의 전반적 검토를 통한 비평적 문학 정보를 제공한다. 프랑스에서는 이탈리아어·독일어·영어 도서들을 주로 소개한다. 프랑스 서적의 소개는 최소화하거나 (다른 주간지나 잡지들이 이미 제공하고 있으므로) 비교의 차원에서 전체 안에 삽입할 것이다. 이어서 시론은 지성계의 사건들을 부각시켜야 할 것이다. 철학적이거나 시학적 혹은 사회학적 사건들(출판계 동향, 잡지 기사 등등)을 총망라할 것이며, 어쩌면 이것이 시론의 주된 임무일 것이다.

물론 시론은 예술의 다른 분야도 다룰 것이다. 그렇지만 음악·미술에 대해서는 가끔 현실 문제와 관련해서든 그렇지 않든 특별 심층 탐구를 기획하는 것이 더욱 중요할 것이라 생각된다.

그 밖에도 세상사의 흐름으로부터 분리해 내어 따로 고려할 만하다고 판단되는 프랑스와 외국 책들에 관한 비평도 실어야 할 것이다.

세상의 흐름

앞의 시론과 원칙은 유사하지만 형태를 달리한 다양한 시론 지면에는 정치적 변화, 세상의 전반적 움직임에 관한 '발언'과 같이 대화를 유도하는 비평적 관점의 짧은 글들이 실릴 것이다. 예를 들면 오늘날 가가린*의 모험에 대한 작가의 생각, 그 모험의 의미, 흐루시초프의 발언에서 '조국'이라는 단어의 사용, 우주에서의 최초 발언** 등등.

---

* Youri Gagarine(1934~1968) : 1961년 4월 12일 지구의 궤도를 도는 인류 최초의 우주 비행에 성공한 소련의 우주비행사.─옮긴이
** 가가린은 1시간 48분 동안의 우주 비행 동안 '조국은 듣고, 조국은 안다. 그의 아들이 어느 곳을 날고 있는지'라는 노래를 휘파람으로 불었다고 한다.─옮긴이

IV. '세상사의 흐름'에 관한 견해***

함께 잡지를 준비 중인 외국 작가들에게 보내기 위해서, '세상사의 흐름'의 의의와 구조에 관해 우리가 합의한 내용을 정확하게 요약할 필요가 있다. 다음 두 가지 사항을 다시 한 번 강조해야 한다.

1. 새로운 가능성을 준비하기 위한 시도, 그것이 잡지의 기획 취지이다. 새로운 가능성이란 작가에게 '세계'와 세계에서 일어나는 모든 일에 대해 발언할 수 있게 만드는 가능성이다. 이 발언은 작가로서 작가 고유의 관점에서, 오직 작가의 진실에서 기인한다는 책임감을 가지고 행해져야 한다. 따라서 1945년부터 급작스럽게 문학과 정치 영역 사이의 관계를 특징지은 '사르트르식 참여'(앙가주망Engagement)라는 지나치게 단순한 명칭으로 알려진 책임과는 완전히 다른 형태의 (하지만 그 못지않게 본질적인) 책임이다. 여기에서 비롯되는 중요한 사실은 우리의 잡지는 현실 정치에 직접 관여하기보다는 언제나 간접적으로 관심을 표명하리라는 것이다. 이 '간접성'의 추구는 잡지의 주요 임무 중 하나인데, 우회를 통한 '간접' 비평은 단지 암시적이고 암묵적인 비평만을 의미하는 것이 아니고 '근본'의 숨겨진 의미까지 파고드는 비평, 더욱 근본적이라는 의미에서 급진적인 비평을 뜻한다(예를 들면 슈피겔 사건****은 그것이 야기한 내각의 위기나, 정치권의 사법권에 대한 개입이라는 면모로

*** 잡지의 기획에 참가하고 있는 각국의 작가들 전원에게 보낸 글로 독일어 번역이 존재한다. 이를테면 이 글은 잡지 기획에 대한 "프랑스 쪽 입장"을 대변한다.

서 우리의 관심을 끌지는 않는다. 우리가 관심을 갖는 것은 그 저변의 각종 의미들이다. 군사 기밀이라는 신화, 어떤 시의성에 대한 고려도 없이 모든 것을 다 말해야 할 필요성과 그 거역할 수 없는 요구, 작가의 권위와 책임의 긍정 등등).

2. '세상사의 흐름' 기획의 취지는 그 구조와 형태에 의해서 밝혀지고 표현되어야 한다.

1) 본 기획은 잡지의 시작에서 끝까지 계속되어야 할 것이다. 이 시론은 다른 형태의 글들이 끼어들 때마다 중단될 것이므로 특별한 표시를 통해 그 글이 '세상사의 흐름'의 일부분임을 알 수 있게 해야 할 것이다. 따라서 우리는 이 기획에 속하는 글들에 번호를 매길 것을 제안한다. 숫자의 계속은 '시리즈'로 간주되는 이 시론의 불연속적인 연속성을 확인시켜 줄 것이다.

2) 본 기획은 짧은 형태(현대 음악에서 짧은 형태에 부여하는 것과 같은 의미로서)를 실험해 볼 것이다. 단지 글의 길이가 짧을 뿐(반 페이지에서 서너 페이지까지) 아니라 하나의 조각을 형성할 것이라는 뜻인데, 이는 그 모든 의미가 자신 안에 들어 있지 않고 앞으로 도래할 좀더 포괄적인 의미를 향해 열려 있거나, 본질적 불연속성

**** 1962년 10월 26일 독일의 시사주간지 『슈피겔』(*Der Spiegel*. 1947년 창간) 사무실을 경찰과 검찰이 급습하면서 시작된 사건. 편집국이 4주간 압수수색 당했고 발행인과 서독군 관련 비판 기사를 쓴 기자 등 8명이 체포·투옥되었다. 국가기밀 누설죄·반역죄 등으로 『슈피겔』을 단죄하려던 국가권력은 발행인(루돌프 아우크슈타인)이 투옥된 후 『슈피겔』 독자와 일반시민이 가담한 언론탄압 반대투쟁에서 패배했다. 당시 잔여 임기 2년의 총리가 사임하고 국방장관도 물러났다. 1966년 독일 법정은 기소된 발행인과 기자에게 무죄 판결을 내렸다. 서독 언론사·현대사에서 언론자유와 민주주의 수호의 이정표가 된 사건으로 평가받는다. ─옮긴이

의 요구를 받아들인다는 것이다. 결코 쉽지 않은 시도지만 이 '짧은 형태'를 통해서 각자는, 앞서 말했던 바와 같이, 세상에서 벌어지는 온갖 일(또한 일어나지 않는 일) 가운데에서 중요해 보이는 모든 것을 다룰 예정이다. 아마도 시학적·철학적·정치적 질문들일 터인데, 이는 지적·과학적·일반적 현실로부터 야기된 것으로서, 미처 눈에 띄지 않게 제기되거나 반대로 구경거리처럼 가시화된 것일 수도 있으며, 때로는 책에서 읽은 것일 수도, 때로는 실생활에서 오는 문제들일 수도 있다.

3) 본 기획의 구조는 그것이 '조각'으로 된 비평적 글 외에도 다른 언어로 인쇄되어 일종의 가교 역할을 하는 다른 글을 허용할 수 있는 것이어야 한다 ; ①인용문들(예를 들면, '아비 바르부르크'*: "신은 디테일 속에 머문다"der liebe Gott steht in Detail : 혹은 "수많은 길들을 가지만 한 발짝도 나아가지 못하고 언제나 같은 자리로 되돌아오다"Par mille et mille circuits et sans gagner d'un pas, toujours revenir au même point「테아이테토스」**); ②일종의 경구들(문체상의 것이라기보다는 사유의 경구) ; ③무엇보다도 매우 간소하게 작성된 '정보들', 정보로서가 아니라 의미로서 값어치를 지

---

* Aby Warburg(1866~1929) ; 함부르크의 유태인 은행가 집안에서 태어난 예술사학자. 르네상스 미술의 지적, 사회적 맥락 연구에서 출발하여, 철학·심리학·인류학으로 관심 영역을 확장하였다. 고대에서 유래한 이미지와 상징의 형태학적 분석을 통해서 서구 문화의 심층을 이해하려는 목적에서 도상해석학(Iconology)이라는 새로운 이미지 해석학을 창시하였다. 1912년 함부르크의 개인서재에서 시작된 바르부르크 도서관은 1933년 나치즘을 피해 런던으로 이주하였다. 1994년 이후 현재엔 런던 대학교 부설 연구소로 전환되어 학제를 넘나드는 문화사 연구의 거점이 되었다. ─ 옮긴이
** 「테아이테토스」(Theaitetos) ; 플라톤의 『대화편』 중 한 편. ─ 옮긴이

니도록 예정된 것들. 소수의 사건들로 구성된 일종의 행사력 같은 것. 이 사건들은 '세상사의 흐름'에 간간이 리듬을 부여할 것이다. 사건들을 선별할 책임을 우리는 맡아야 할 것이며, 이 선택은 필연적으로 편향적일 수밖에 없으므로 당연히 의미심장하다(예를 들면 슈피겔 사건은 사건이지만 최근의 프랑스 선거는 사건이라고 할 수 없다. 프랑스에서 행해지는 서적 검열은 이 선택에 들지만 문학상 관련 소식은 물론 아니다). 각국의 편집팀은 이런 식으로 일련의 '간략 정보들'을 작성하여야 할 것이며, 우리가 전체 회합을 가지게 될 때 이에 관해 토론하고 의견을 정리할 것이다. 이것은 중요한 일인데, 우리의 전적인 책임 하에 공식적·표면적 역사에 대응하여 진정하고 한결 비밀스러운 역사의 요소들을 조명하는 것이기 때문이다. 또한 거칠고 헐벗은 그대로의 사건을 해설처럼 사용하는 것이기 때문이며, 이 거칠음은 우리가 부여할 형태의 (다소 의도된 측면이 있는) 강직성을 강화시킬 것이다. 이러한 사건 발굴 규명 작업에 동구권과 영미, 스페인계 통신원들은 긴밀히 협조하여야 할 것이다.

V. 세상사의 흐름

번역에 대하여

1. 역자는 어떻게 보면 잡지의 진정한 필자라고 할 수 있을 것이다. 따라서 창간호들의 준비 단계에서부터 번역과 관련된 문제는 고려되어야 한다. 역자는 자칫 너무 손쉬운 통합요원이 되어 버릴 수도 있다. 각국의 언어들은 결코 동일한 시대 배경을 가지고 있지 않다.

그렇다면 번역에서 어떻게 각 언어가 처해 있는 역사적 단계의 차이를 유지할 것인가? 마찬가지로 방언도 까다로운 문제이다. 독일 문학어, 특히 시어에는 흔히 방언이 쓰인다. 그런데 방언의 번역 문제는 이제껏 적절하게 해결된 적이 없어 보인다(또한 이탈리아어는 프랑스어처럼 통일되어 있지 않은 것 같다). 레리스,* 본푸아.** 본푸아에 따르면 과거 셰익스피어의 나쁜 프랑스어 번역들은 암묵적인 형이상학적 대립 때문이라고 한다.

2. 문학 활동의 원초적 형태로서의 번역. 번역자는 언어 간 차이의 비밀스러운 지배자인데, 차이를 제거하기 위한 것이 아니라 이용하기 위해서다. 그는 약간의 변화를 가함으로써 원작에서 드러나는 차이들의 존재를 그의 언어 안에서도 깨워 낸다. 번역자는 향수에 젖은 존재인데 원작이 허락하는 모든 가능한 단언들을 자신의 언어에서는 결핍의 형태로 느낀다. 그는 프랑스어를 결핍의 형태로 소유하며, 그의 프랑스어는 이 결핍으로 인해 더욱 풍요로워진다.

3. 횔덜린의 예: 번역의 힘에 매혹당했던 사람. 광기의 문턱을 넘나드는 두 작품, 『안티고네』와 『오이디푸스』를 번역하면서 그가 원했던 것은 그리스어 작품을 독일어로 옮기거나, 독일어를 그 원천

---

* Pierre Leyris(1907~2001): 프랑스인들은 레리스를 통해 영미문학을 읽었다고 할 수 있을 만큼 대표적인 영미문학 번역가. 그의 셰익스피어·디킨스 번역은 기념비적이다. '번역자는 시인들 중의 시인이다'라는 노발리스의 말을 즐겨 인용하였다.―옮긴이

** Yves Bonnefoy(1923~): 프랑스 시인이자 작가. 수학과 철학을 전공했지만 젊은 시절 초현실주의에 매료되어 문학과 시에 입문하였으며, 현대 프랑스 최고의 시인으로 인정받는다. 미국·프랑스 등지의 대학에서 비교시학 강의를 계속하며 셰익스피어 작품의 번역에도 정성을 쏟았다.―옮긴이

인 그리스어로 다시 인도하겠다는 것이 아니었다. 그것은 두 힘(동양, 서양)을 통일시켜 총체적이고 순수한 한 언어의 단순함을 얻겠다는 것이었다. 번역은, 말하자면 미친 짓이다(아마도 라플랑슈*의 말일 것이다).

잡지는 평문(하나의 형태를 지향하는 글)이 아니라 조각들로 이루어질 것이다. 조각에 대해 간략히 말하자면, 세상에는 네 가지 부류의 '조각'이 있다. ① 더 커다란 전체의 변증법적 한 단계에 불과한 조각. ② 외형은 조각이면서도 이미 완결되어 폭력성을 은폐하고 있는, 잠언의 형태. 잠언은 어원적으로 지평선을 의미하는데 지평선은 바로 제한하는 것, 열리지 않는 것이다. ③ 탐구의 유동성 혹은 유랑하는 사유와 관련된 조각. 그것은 분리된 긍정들을 통해 완성되며 분리를 필요로 한다(니체의 경우). ④ 끝으로 전체의 울타리 바깥에 위치하는 조각의 문학. 전체가 이미 실현되었다는 전제 때문일 수도 있고(모든 문학은 역사 종말의 문학이다), 지식·노동·구원의 언어와 같이 전체를 구축하고 말하는 언어 형태들과 달리, 사유를 해방시켜 그것이 오직 통일성만을 추구하는 사유가 되지 않도록 해주는 전혀 다른 말, 이를테면 본질적인 불연속성을 요구하는 말을 예감하기 때문일 수도 있다. 이런 의미에서 길든 짧든 모든 문학은 조각이다. 이때 문학이 지시하는 언어의 공간에서는, 매 순간이

---

*Jean Laplanche(1924~); 프랑스 정신분석가. 라캉 이후 제3세대 정신분석의 대표주자. 프로이트 저술의 프랑스어 번역에 지대한 노력을 기울였다. 철학에서 정신분석학으로 전공분야를 바꾼 후 그가 처음 펴낸 책이 횔덜린에 관한 것이었다(『횔덜린과 아버지의 문제』 *Hölderlin et la question du père*, PUF, 1961).—옮긴이

갖는 의미와 기능은 다른 순간들을 비한정적인 것으로 만들어 주는 데 있으며, (동일한 현상의 또 다른 일면인데) 그 공간에서는 또한 어떠한 통일화 과정으로도 환원되지 않는 긍정들이 작동하게 된다.

(물론 이 '조각'의 문제는 전혀 다른 방식으로 고려될 수도 있다. 그러나 나는 이 문제가 이번 기획의 핵심이라고 믿는다. 그것은 언제나 형태로서의 잡지, 고유의 형태에 대한 추구로서의 잡지 문제이다.)

우리의 기획과 관련하여 떠오른 생각이다. 우리는 언제나 주제나 질문들을 언급하지만 '세상'이 주제화할 수 있는 것이라고 확신하는가? 아마도 심층적인 반주제주의가 있을 터이고 그것은 우리가 매우 가까운 누군가에 대해서 말하기를 거부할 때, 그를 주제나 성찰의 대상으로 변형시키기를 거부하면서 단지 그에게, 그를 향해 말하는 것만을 받아들일 때, 감지할 수 있는 것이다. 이런 이유로 우리는 문제들의 사냥꾼, 문제 더미가 되는 데 강한 혐오감을 느낄 수도 있고, 다른 작가들에게 세상에서 단지 잡지를 위한 질문 주제만을 보도록 강요해야 한다면 더더욱 그러하다. 거기에는 분명 폭력성이 있는데, 어쩌면 자기 자신에 한해서라면 견딜 만한 요구일는지 모르지만, 구속력을 가지고 적용할 수 있는 이상적 방식은 아니다.

그 밖에도 몇 가지 생각해 볼 거리들이 있다. 잡지가 관심을 가질 '문제들'은 다음의 기준에 따라 차별화할 수 있을 것이다. ① 주제, ② 이 주제들의 처리 방식, ③ 글들이 하나의 전체로 조직되는 방식, ④ 문제들의 형태 혹은 본질. 여기서 형태와 본질에 따른 차이란 무엇을 말하는 것인가? 예를 들자면 문제는 눈에 잘 띄지 않는 무의미한 사실에서 시작하지만, 거기에서부터 중요한 의미가 도출된다 (묵시적인 것에서 명시적인 것으로의 이행). 그런 점에서 사실 자체는 경시될 위험성이 높은 문제들이 있다. 이렇듯 일상이란 포착되지 않고, 빠져나가는 것을 그 본질적 특징으로 하고 있다. 그것은 무의미에 속하며 사건도, 주제도 없는 것인데, 바로 그것이 일상 특유의 심오함이다. 일상이란 역시 이런 의미에서도 주제화하기 어려운 것이다. 다른 부류의 문제들도 있다. 예를 들면 탈스탈린화의 문제처럼 이미 짜여진 채로, 이미 중요한 것으로 만들어진 상태로 제기되는 문제들이다. 그런 문제들을 어떻게 다룰 것인가? 주어진 그대로의 그 문제는 외면할 것인가? 간접적인 방식으로 단지 우회적으로만, 사소한 면을 파고들든지 아니면 아예 파괴함으로써만 그런 문제들을 다루려고 노력할 것인가? 축소 지향의 편견. 마지막으로 한계 질문들이 있다. 언제나 간직되어 있는 것이어서 결코 제기되지 않고, 특별한 문제제기의 대상이 되는 순간 왜곡되고 마는 문제들. 여기에서 마치 비밀처럼 새로운 질문방법이 다듬어진다. 마치 질문하면서 실제로 질문 가능한 것 이상을 묻는, 질문을 하는 힘이 견딜 수 있는 것 이상을 묻는, 있는 질문보다 더 많은 것을 묻는 질문 방식이 있는 것처럼 묻는 것이다.

　—우주 정복: '장소'에 대한 성찰. 인간이 우주인이 된 순간, 잠시나마 결정적인 것처럼 느껴졌던 것, 그것은 터전과 결별했다는 사실이다. 인간은 원칙적으로 모든 지평선 바깥, 거의 균질적인 절대공간 안에 존재하였다. 이 터전에 대하여 확보한 자유는(아직은 허망한 방식이긴 하지만) 터전과 분리되면서 얻은 인간 실체의 경량

화가 정주민의 문명을 흔들어 놓고, 인간의 특수성을 무화시켰으며 인간을 유년 시절의 유토피아(만일 그것이 터전으로 돌아감을 추구하는 것이라면) 밖으로 인도하면서, 기술의 과업을 확장하고 잠정적으로 완성하였다.

그러나 가가린이 터전을 벗어나는 듯 보이는 순간, 흐루시초프는 그를 땅과 '조국'의 이름으로 찬양하였다. 이렇게 국가 원수는 우주인을 터전에 대해 근본적 질문을 던지는 자가 아니라 그 후광으로 터전을 신성하게 만드는 자로 보는 것이다.

1. 바깥과의 관계는 근본적으로 달라지지 않았다. 단지 현상학적으로 달라졌을 뿐이었다. 옛 터전과의 유일한 관계는 말이므로 우주인은 말해야 하고, 쉬지 않고 말해야 한다. 정녕 기술은 위험하다. 그러나 '장소의 정령'보다는 덜 위험하다. 흔히 반기독교주의가 도사리고 있는 다신교에 대해서, 뿌리내림의 시적 다신교인 하이데거의 다신교에 반대하여 무언가 할 말이 있을 것이다. 진실은 유목적이다.

─불레즈와 말라르메. 불레즈의 「겹겹이」(Pli selon pli),* 도나우에싱겐 강연에서 불레즈는 시와 음악 사이의 불일치를 말했다. 이러한 비양립성에서 출발하여 어떤 만남이 가능해진다. 불레즈는 이 만남의 지점을 언어·리듬·형태적 구조와 그것들의 음악적 등가물에서 찾을 수 있다고 생각한다. 등가물이란 단어 안에 모든 어려움

---

* 피에르 불레즈(Pierre Boulez, 1925~)가 말라르메의 시에 따라 1957~1962년 사이에 작곡한 소프라노와 오케스트라를 위한 곡. 1962년 도나우에싱겐(Donaueschingen)에서 초연했다.─옮긴이

이 다 들어 있다. 그것은 비트겐슈타인의 문제를 환기시킨다. 각각의 언어는 그 언어로는 말할 수 없는 구조를 가지고 있는데, 그것에 대해서는 다른 언어를 사용해 말하는 수밖에 없으며, 그 다른 언어는 또 다른 언어를 사용하여 다룰 수밖에 없는 구조를 가지고 있다.

2. 현대 음악의 새로운 텍스트 처리 방식.

3. '현대' 문학과 '현대' 예술의 관계라는 매우 난해한 문제도 제기된다. 그들 사이의 관계가 일반 교양에서 하나의 관점 아래 아인슈타인·피카소·조이스·쇤베르크를 위치시키게 만드는 관계보다 덜 피상적인가?

─과학자의 신화. 피에르 테일라르 드 샤르댕*은 근거 없는 종합을 시도하면서도 "나는 과학적 관찰의 영역을 벗어나지 않는다. 나는 학자로서 발언한다"라고 말하는 것을 잊지 않았다. 물론 오만하다기보다는 순진하다고 평해야 할 것이다. 아무리 작은 물체라도 모두 심령을 가진다는 샤르댕의 이론을 재확인하면서 샤롱**은 범심령주의(니체가 이미 긍정한 바 있는) 가설을 '과학적 발견'이라고

---

* Pierre Teilhard de Chardin(1881~1955); 프랑스 예수회 신부·신학자·고생물학자·철학자. 소르본 대학에서 동식물학, 지질학을 공부하고 고생물학으로 박사학위를 받은 그는 중국 연구여행에서 베이징원인 발굴에 결정적 역할을 하는 등 당대 자연과학자로서도 명성을 얻었다. 가톨릭 신앙과 과학 사이에 모순이나 대립이 없다는 것이 그의 주장이었다.─옮긴이

** Jean-Emile Charon(1920~1998); 프랑스와 미국에서 이론 물리학을 공부하고, 우주의 구조·우주 생성이론·통일장이론 등을 연구한 프랑스 물리학자이자 철학자. 우주에 대한 지식만이 아니라 총체적 인간의 문제에도 관심을 보여 많은 철학저술을 남겼다. 블랑쇼가 국제잡지를 기획하던 즈음인 1961~1962년에 우주에 관한 저술로 '과학정보도서상'을 수상하였다. 복합상대성이론을 발표한 1977년 이후 스탠퍼드·예일·몬트리올·파리 대학에서 심리물리학을 강의하였다.─옮긴이

소개한다. 언제 과학자는 과학자이기를 그치는가? 예를 들어 우주 모형, 통일장이론 같은 것들, 어떻게 우리는 그것들을 과학적이라 부를 수 있는가?

—책으로부터 도출될 수 있는 문제들 : 레비-스트로스의 『야생의 사고』, 부르주아에 대한 페르노의 책, 프로파간다에 관한 에륄의 책, 르루아-구르앙의 상상력의 인류학적 구조에 관한 책, 폭력에 관한 파농의 책.

—소설에서는 신의 관점이 손쉽게 경찰의 관점으로 대체되었다. 모든 것을 보고 모든 것을 다 아는 것은 경찰이다(체스터턴, 오웰, 코라도 알바로, 그레이엄 그린, 누보로망의 소설들, 로브-그리예, 우베 욘존). 오늘날에는 수수께끼가 깊은 내면의 것이 아니라 공적 수수께끼로 구상되기 때문이다. 모든 것이 밝혀졌을 때도 무언가는 다시 빠져나간다.

—언어의 관점에서 탈스탈린화를 연구할 것. 그것은 정치 언어에 어떤 변화를 가져왔는가? 몇몇 새로운 단어들, 개인숭배, 평화공존, 흐루시초프의 더욱 구체적인 언어, 그런데 공식 언어는 변화했는가?

—독일에서 라디오의 역할, 즉 독일 작가들에게 라디오가 제공하는 가능성과 유혹들. 프랑스나 이탈리아에서는 찾아볼 수 없는 상황. 영국이나 미국은 어떠한가?

—지속되면서도 쇠퇴해 가는 무명용사의 신화. 이름 없는 장병, 그것은 반-영웅, 주목받지 못한 자, 잊힌 자의 자격으로 사람들의 기억 속에 머무는 모호한 유령. 비-추억의 기념비, 무-명의 절정.

—사람들이 '잡지'라고 부르는 것의 개념과 형태에 대한 고찰. 여러 가지 메모. ① 역사적 소고; 여러 문명국가에서 잡지라는 출판물이 어떻게 진화해 왔는지에 대해 배워야 할 것이 있을지 모른다. ② 초현실주의 운동의 진정한 창작물이었던 초현실주의 잡지. ③ 모든 잡지에 대한 비평. 집단 출간물이지만 진정한 의미의 집단 구조는 부재하는 잡지. 선전과 투쟁 도구인 교조주의적 잡지. 정당이나 유파의 기관지면서 연구 수단은 아닌 잡지. 순전히 자의적인 주기성; 정기 출판물에 어떻게 시간에 대한 태평함, '무위'(無爲)를 재도입할 것인가? 그 어떤 단일성으로도 환원할 수 없는 문학 텍스트가 잡지라는 전체 질서 안에 어떻게 자리 잡을 수 있는가?

—비평적 글 : 현재 독일 사상에서 블로흐(E. Bloch)의 위치. 블로흐의 미발표 원고.

—프랑스, 이탈리아의 문화적 폐쇄성.

—프랑스의 출판 구조.

세상의 흐름

I. 탈스탈린주의; 여러 편의 글을 실을 수 있을 것이다(국제 교류에 의해 작성될 것임).

1) 이론적 측면. 어떤 원칙에 의거하여 진행되었나? 스탈린과 스탈린주의. 스탈린주의자들(의 말)에 의하면, 스탈린주의는 우선 몇 가지 '실수'에서 기인한다고 한다.

―계급 간 관계의 악화, 사회주의 국가 실현에 따른 자본주의 국가와 비자본주의 국가 사이 갈등의 첨예화.

―전쟁의 불가피성.

―프롤레타리아를 대신한 독재가 되어 버린 프롤레타리아 독재, 당내 민주주의 부재.

―계획과 통제 남용.

이상이 대략 스탈린주의라는 것이며 그 책임이 스탈린에게 있다는 것이다. 그러나 오로지 스탈린만을 (불가해한 상부구조처럼 보이거나, 혹은 한 인간의 역시 불가해한 과도함에 의거하여서만 설명되는) 스탈린주의의 책임자로 지목한다면, 그것은 스탈린 한 개인에게 결정적 중요성을 부여함으로써 그를 지속시키는 것이다.

그렇지만 암묵적으로 절대적 권위·의지주의·도덕적 사기나 속임수의 조직화·독재의 필요에 의해 제도화된 기만의 조직화를 문제 삼을 때 문제시되는 것은 체계인데, 그 체계는 사회주의적 체제 내에서도 법제적 사회가 현실적 사회의 상위에 혹은 그것과 대립적으로 자리 잡게 되는 움직임이다.

한편 전망의 결정적 전환은 핵전쟁으로 인한 전적인 파괴의 가능성이 '폭력'의 개념에 가져온 의미의 변화로부터 비롯된다. 그 면에 있어서도 양적인 변화가 측정하기 어려운 질적인 변화를 촉발시켰다. 달리 표현하자면 폭력이 언제라도 급진적 파괴로 변할 위험이 있는 상황에서 폭력의 혁명적 의의는 무엇인가? 그것이 여전히 하나의 가능성일 수 있는가? 이런 질문은 지금까지 매우 조심스럽게 제기되었을 뿐이며 전혀 성찰된 바 없다. 하지만 '탈스탈린주의'의 원천적 동인으로 작용하는 것, 아마도 미래의 변화의 동인이 되는 것은 바로 이 점일 것이다.

2) 탈스탈린주의와 파라오의 신화. 스탈린 독재가 공개적으로,특히 도덕적 측면에서 비난받는다는 사실은, 설명하고 분석해야 할 필요에 대한 두려움, 암묵적인 것에서 명시적인 것으로 이행해야만 할 필요에 대한 두려움을 잘 드러낸다. 이해하기보다는 처단하려는 것이다. 스탈린에 대한 비판은 비판이 아니라 신성모독이기 때문이리라. 그의 이름을 지상에서 사라지게 만들기를 원하는 것이다. 그러나 모든 신성모독은 여전히 신성한 행위의 일부이다, 등등.

3) 언어의 측면에서 탈스탈린주의를 연구하는 것도 가능할 것이

다. 스탈린 비판이 정치적 언어에 어떠한 변화를 가지고 왔는가? 새로운 단어 몇 가지, 개인숭배, 평화 공존(흐루시초프로서는 보다 구체적인 언어에 대한 권리) 그러나 공식 언어는 '상투적 선전 구호'에서 조금도 달라지지 않은 것 같다. 이탈리아 공산주의 연구.

II. 독일 언론의 상황. 독일 라디오의 역할.

III. 프랑스와 이탈리아의 문화적 세분화 현상.

IV. 로시프*의 영화: 「게토의 시간」.

V. 아이히만의 사례. 아이히만은 문제적이다. 현재의 개인으로서 그는 어떠한 중요성도 가지지 않는다. 그는 아무것도 아니며 그가 말하는 것, 그가 생각하는 것은 아무런 의미도 없다. 그의 대응방식이 무엇이든 그것은 하등의 가치도 없다. 그가 저지른 짓을 그가 후회하든, 후회하기를 거부하든 그런 것은 결국 헛될 뿐이다. 말하자면 아이히만은 개인으로서는 더 이상 존재하지 않는다. 따라서 그의 죽음이나 그의 사형은 이제 그에게 개인적으로 관계되는 사건을

---

* Frédéric Rossif(1922~1990): 1945년 이후 파리에 거주한 영화감독. 1943년 6월 당시 폴란드 바르샤바의 유태인 분리거주지역(게토)에 관한 다큐멘터리 「게토의 시간」을 1961년에 제작하였다. 괴벨스의 명령으로 촬영된 독일군 영상기록물보관소의 영상과 생존자들의 증언만으로 구성된 충격적 기록 영화로 개봉 첫 해 215,000명의 관객을 동원하였다. 그 밖에 대표작으로 「마드리드에서 죽다」(1963), 「뉘른베르크에서 뉘른베르크로」(1989) 등이 있다.─옮긴이

구성하지 않고, 단지 재판의 진실에 속할 뿐이다. 재판의 절차 자체 안에 모든 윤리에 대한 확연한 유예 현상이 일어난다. 사적 개인으로서의 아이히만의 부재는 유태인의 불행과 마치 상관관계에 있는 듯하다. 게토의 유태인들이 '나'를 박탈당하고, 일인칭으로서의 모든 존재 가능성을 빼앗겼던 때의 그 불행과 관계있어 보인다.

VI. 당혹스러움의 비밀 연대기. 잡지에 직접적으로든 간접적으로든 당혹스러움이 표출되는 것도 좋을 듯하다. 잡지의 임무 중 하나가 '당혹스러움'의 관점에서 사태를 성찰하는 것이 되어야 한다는 생각도 든다.

VII. 유토피아: 유토피아의 사회학. 반-유토피아로서의 문학. (책, 유토피아의 세 도시에 관한 책, 한 권은 디오게네스에게)

VIII. 프랑스 거주 알제리인들의 상황에 관하여. 신문이나 잡지에 게재된 글들 중에서 재수록.

IX. 하이데거와 1933년 그가 쓴 정치적 글들(1960년 부분적으로 구이도 슈네베르거가 독일어로 출판하였고 1961년에 『메디타시옹』 *Méditation*에 의해서 번역, 주석본 발간).

이 글들의 경우 핵심은 하이데거가 두세 번 나치당에 찬동하는 발언을 할 수 있었다는 사실이 아니라, 그가 자신의 철학적 언어 바로 그것을 사용하여 발언하였다는 사실. 그가 심각하고, 아름답고, 심오한 자신의 언어를 사용하여 "나치의 언어를 말하는" 일을 저질렀다는 사실이다. 결과적으로 그가 오염시키고 아마도 타락시킨 것은 진정 그 철학의 언어이다. 그가 나치의 비속한 언어로 비굴하게 나치즘의 선전원 노릇을 하였더라면, 그 심각성이 훨씬 덜할 것이라 여겨진다. 그 경우 그의 책임감은 성격 파탄, 혹은 정신의 착란에 따르는 책임감보다 더 무겁지는 않을 것이다. 이 사실은 적어도 우선 우리의 '철학자' 로서의 책임이 어떤 차원에 위치하는지를 상기시키는데, 물론 그것은 언어의 차원이다.

우주 정복

인간은 자신의 장소를 떠나는 것을 원치 않는다. 그 인간은 말한다. 기술은 위험한 것이며 인간과 세계와의 관계를 위협한다고, 진정한 문명은 정착민의 것이며 유목민은 아무것도 이루지 못한다고. 이때 인간이란 누구를 말하는가? 한없이 무거워지는 순간의 우리 자신들일 것이다. 가가린이 우주인이 되던 날 충격을 느낀 것은 바로 이 인간이다. 그 사건은 거의 잊었고, 새로운 실험이 다른 형태로 시도될 것이다. 여기에서 거리의 인간, 정주하지 않는 인간의 목소리에 귀를 기울여야 한다. 그런 이들은 가가린에게 찬탄을 보냈는데, 가가린의 용기·모험 그리고 과학기술의 진보를 우러러보았기 때문이었다. 그러나 그들 중 한 명이 진짜 이유를 말했다. "사람이 이 땅을 떠났다니 진짜 멋지다." 이 실험의 진정한 의의는 바로 '인간이 터와 단절하였다'는 사실에 있다.

적어도 한순간 결정적이라고 느껴졌던 것은 바로 그것이다. 저기 추상적이며 순수하게 과학적인 그곳, 중력으로 상징되는 공동의 인간조건에서 벗어나, 누군가가 그곳에 있었다. 하늘이 아니라 우주에, 어떤 존재도 어떤 자연도 없는 우주, 측정할 수 있지만 무한히 공백에 가까운 실재, 바로 그것인 우주. 인간이지만 지평선을 벗어난 인간. 신성모독의 행위. 귀환하면서 가가린은 질 나쁜 농담을 몇 마디 했는데 "하늘에 갔었는데 신을 만나지 못했다"라는 것이었다. 가톨릭 단체들은 항의하였지만, 공연한 일이었다. 신성모독은 분명히 있었다. 오래된 하늘, 종교와 명상의 하늘, 숭고하고 순수한 저 높은 곳이 한순간에 지워지고, 도달 불가능성이라는 특권은 제거되었다. 그 특권은 과학이라는 또 다른 절대성으로 대체되었지만, 결국 그것은 산술적 가능성에 불과하다.

그렇지만 가가린에게 패배한 사람은 기독교도들보다도 차라리 우리 안의 다신교도들이었다. 원시종교에 영원히 매혹당한 사람, 흙에 살고, 머물며, 흙 위에 건립하고, 뿌리내려, 생물학적 민족이나 선조의 산하와 존재론적으로 결합하기만을 꿈꾸는 자. 땅의 소유를 원하면서 땅의 포로가 된 소유 지향의 인간, 자신이 위치한 곳, 그 전통, 그 진실, 그 역사 속에 영원히 틀어박힌 채 차지하고 집착하는 자. 아름다운 풍경과 위대한 과거라는 성지를 건드리는 것을 원치 않는 자. 끝으로 인간들의 사악함을 숲을 거닐며 위로받는 우울한 감성주의자. 가가린은 일순간에 우리를 이러한 인간으로부터 해방시켰으며, 수천 년 묵은 짐(이오네스코가 『세입자』에서 너무도 잘 그려 낸)을 덜어 주었다.

과학기술의 승리인가? 물론 그렇다. '터전'에 대하여 확보한 (허망한 방식이긴 하지만) 이러한 자유, '장소성'으로부터의 분리를 통해서 얻어 낸 인간-실체, 인간-본질의 경량화는 과학기술의 업적을 연장하고 일시적으로 완성했을 따름이다. 정착 문명을 뒤흔들고, 인간의 특이성을 와해시키고, 인간을 유년의 유토피아 (우리 안에 있는 유아-인간이 터전으로의 귀환을 추구한다면) 바깥으로 인도함으로써 가능했던 것이다. 이 영역을 떠나서 성숙기의 문제들과 대면하기에 이르는 것이 얼마나 힘든 일인지를 우리는 바로 깨달을 수 있었다. 가가린이 원시적 힘들과 단절하고 순수한 탈장소의 움직임 속으로 진입하면서 분리된 인간의 도정에 들어서자마자, 흐루시초프가 땅과 조국의 이름으로 그에게 찬사를 보냄으로써 그를 다시 그의 계보 안에 서둘러 재정립시켰기 때문이다. 뜻밖의 호출, 기억에 남을 몰이해. 그렇지만 케네디나 드골 같은 국가원수들도 별반 다르지 않았을 것이다. 자국의 위엄을 위해 기술의 효용을 선포할 준비는 되어 있지만, 하나같이 땅의 상속인들인 그들은 모든 소속을 와해시키고 모든 곳에서 터전 자체를 문제 삼는 과학기술의 결과를 인정하지도 받아들이지도 못한다.

  ―그 사실을 인정하자. 그러나 가가린의 모험은 정치적·신화적 개진을 통하여 러시아인들에게 한층 더 확고하게 러시아 땅에 거주하도록 허락해 주는 일 외에 그 어떤 일도 하지 않았다고 말해야 하지 않을까. 한편 바깥과의 관계 또한 그 모험에 의해서 물리적으로, 급진적으로 조금도 변경된 것처럼 보이지 않는다고 말할 수 있을 것이다. 당연히 그렇게 말해야 하며, 뿐만 아니라 우리에게서 장소의 미신을 떨쳐 내는 것은 오로지 우리를 어떤 장소를 벗어난 일시적 유토피아로 인도함으로써 가능해질 것이라고 말해야 한다.

  우주인 가가린의 상태에는 동정할 만한 특징들이 적잖이 있다.

자유의 의미를 짊어진 인간이지만 어느 누구보다도 더 철저하게 그 상황의 포로였으며, 중력으로부터 해방되었어도 존재들 중 가장 둔중했으며, 성숙을 향한 도정이었지만 옛날의 갓난애처럼 과학적 배내옷에 폭 싸인 채로, 마침 식사도 젖병으로 해결하며 말하기보다는 울어 대는 것에 가까운 모습이 아니었던가. 지금까지도 나는 놀라운 상황 앞에서 시시한 소리만 되뇌던 그의 한심한 말을 듣는 듯하다. 사실 그가 그렇게 말했다는 증거가 없으니 닉슨 미국 대통령이 그랬듯이 얼마든지 속임수라고 치부해 버릴 수도 있는 말이다. 그렇지만 그 수다 안에는 우리를 두렵게 만들면서 동시에 감격시키는 것이 있는데 바로 그것이 멈추지 않는다는 것, 멈춰서는 안 된다는 것이다. 웅얼거림에 추호의 공백이라도 생기면 그것은 이미 영원한 공허를 의미하는 것이며, 모든 빈틈, 모든 중단은 죽음보다도 더한 외계의 무(無)를 담론 안으로 들여오는 것이다.

그러므로 저기 저곳에서 바깥의 인간은 끊임없이 말하고 또 말해야만 했다. 우리를 안심시키고 우리에게 소식을 전하기 위해서만이 아니라, 그 끊임없는 말만이 그 자신을 예전의 '장소'와 이어 주는 유일한 연결고리였기 때문이었다. 삐걱대는 배경음에 우주 공간의 조화와는 대단히 거리가 먼 끊임없는 그의 말은 무심코 들으면 쓸데없는 시시한 이야기에 불과하지만 더 잘 들어 보면 다음과 같은 의미가 들어 있다. "진실은 유목적인 것이다."

여기에서 엠마누엘 레비나스를 인용하여야 한다. 이 글의 생각들 중 많은 부분을 우리는 그에게 빚지고 있는데 그는 단호하게 말한 바 있다.*

"과학기술은 위험하다. 그러나 '장소'의 정령들보다는 덜 위험하다."

---

* 주석 번호가 매겨져 있지만 본문에서는 주석으로 처리되어 있지 않다. 아마도 블랑쇼가
잊은 것으로 추정된다. 인용된 레비나스의 말은 「하이데거, 가가린 그리고 우리」라는 평
문에서 발췌한 두 문장을 조합하여 다시 쓴 것이다. 레비나스의 글에서 '장소'라는 단어
는 이탤릭체로 강조되어 있다. Emmanuel Lévinas, "Heidegger, Gagarine et nous",
Information Juive no. 131, 1961. Emmanuel Lévinas, 『*Difficile liberté*』, Albin
Michel, 1963에 재수록.

베를린

우리 모두에게 베를린은 분단을 의미한다. 어떻게 보면 그것은 순전히 정치적 문제이고, 전적으로 정치적 해법들을 고려해야 마땅할 것이다. 달리 보면 그것은 사회적이며 경제적인 (여전히 정치적인, 그러나 더 넓은 의미에서 정치적인) 문제이다. 그곳에서 두 개의 체제와 두 개의 사회-경제적 구조들이 마주치기 때문이다. 또 다른 시각에서 보면, 그것은 형이상학적 문제이다. 베를린은 단순히 베를린이 아니라 세계 분단의 상징이며, 더 나아가 그곳에 거주하는 모든 사람들이 통일의 필요성과 불가능성에 대해 성찰하게 되는 '세계의 한 지점'이다. 그곳에 거주하면서 사람들은 단지 거주의 경험만이 아니라 거주 부재의 경험도 하게 된다. 그것만이 전부가 아니다. 베를린은 하나의 상징일 뿐 아니라, 다른 대도시에서는 경험할 수 없는 인간 드라마가 펼쳐지는 현실의 도시이다. 그곳에서 분단은 곧 찢김이다. 그것도 다는 아니다. 베를린은 하나의 문화적 총체 내에서 대립하는 두 문화의 문제, 동일한 언어 내에서 서로 무관한 두 언어의 문제를 예사롭지 않은 방식으로 제기한다. 이 문제는 곧, 동일한 언어와 동일한 과거 역사를 공유한다는 사실로 인하여 한 집단의 구성원들이 빠져들기 쉬운 기만적인 지적 안정감과 소통 가능성에 대한 문제 제기로 직결된다. 이것도 전부는 아니다.

베를린의 문제를 분단의 문제로서 다룬다는 것, 즉 질문한다는 것은 그 문제를 파악하게 해주는 다양한 형태의 질문들을 완벽하게 나열하는 것을 의미하지 않는다. 분단의 문제로서 베를린은 분리 불가능한 문제라고 말할 수밖에 없다. 그러므로 분석의 명료함을 위해서라 하더라도 '베를린' 상황의 이러저러한 특정 사실만을 잠시 따로 떼어 내는 순간, 우리는 문제의 총체성만을 그르치는 것이 아니라 그 특정한 부분적 사실마저도 그르칠 수 있다. 그것이 따로 떼어 내지 않고서는 달리 파악할 길이 없는 사실이라 하더라도 마찬가지다.

베를린이 베를린 시민들이나 독일인들에게만이 아니라 생각하는 모든 사람들에게 던지는 분단(절단)의 문제, 피할 길 없이 고통스럽게 제기되는 그 문제를 **완전하게** 현실성을 존중하여 적절히 표현하기 위해서는 **조각으로** (이 말은 부분적으로라는 의미가 아니다) 표현하기로 결정하는 수밖에 없다. 이를테면 이런 종류의 문제 ── 베를린 말고도 비슷한 종류의 문제가 있기는 하다 ──를 언급할 때, 우리가 그에 대해 정당하게 말하기 위해서는 우리의 언어와 사유의 깊은 모자람이 말해지도록 해야 한다는 것, 즉 완벽하게 말할 수 있다는 자만심을 버리고 다 말할 수 없다는 그 불가능성이 말해지도록 해야 한다는 것이다. 이 말이 의미하는 바는 다음 네 가지이다.

1. 모든 것을 다 안다는 것, 그것이 가능할지라도, 여기에는 적용

되지 않는다. 여기에서 전지적 신이라면 가장 핵심인 상황을 놓치게 될 것이다.

2. 일반적으로 분단의 문제를 단일한 시각으로 파악하고 조감하고 포용할 수는 없다. 다른 경우나 마찬가지로 이 경우에도 파노라마식 비전은 정당한 이해 방식일 수 없을 것이다.

3. 조각이라는 의도적 선택은 회의에 빠진 후퇴도, 완전한 파악(가능할 수도 있을)에 대한 맥없는 포기도 아니다. 그것은 인내하는 ─성급한, 이동하는─ 고정된 추구 방식이며, 동시에 의미와 의미 전체는 우리들과 우리의 글 안에 즉각적으로 존재하는 것이 아니라, 여전히 도래해야 할 미래의 것이라는 사실에 대한 긍정이다. 그것은 또한 우리가 의미를 캐물을 때, 우리는 그 의미를 생성으로서 그리고 질문의 미래로서만 포착한다는 사실을 긍정하는 것이다.

4. 마지막으로 그것은 반복해야 함을 의미한다. 모든 조각의 말, 모든 파편적 성찰은 반복과 무한한 다양성을 요구한다.

이제 두 가지 (조각난) 지적만을 더하고자 한다. 베를린이 표상하는 기막힌 정치적 추상성은 지극히 구체적 대상인 장벽이 설치되던 순간에 그 극에 달했다. 정기적·비정기적 통제가 분단선의 비밀스런 추진을 예감하게 만들긴 했어도, 1961년 8월 13일까지 가시적 분리는 부재했고 분단의 본질과 의미는 모호했다. 정확히 거기에 무엇이 있었는가? 국경선인가? 물론 그렇지만 다른 어떤 것, 국경선보다는 다소 약한 것이었다. 매일 통제를 피해서 대규모 인원이 그 선을 넘을 수 있었으니까. 그러나 동시에 국경선보다 더 강한 것이기도 했는데, 그 선을 넘으면 한 나라에서 다른 나라로 한 언어에서 다른 언어로 넘어오는 것이 아니라 '진실'에서 '오류'로, '악'에서 '선'으로, '삶'에서 '죽음'으로 건너오는 것이고, 그렇게 자신도 모르는 사이에 근원적인 변모를 거치는 일이었기 때문이다(그렇지만 우리들이 그토록 거침없이 대립된 '선'과 '악'이 정확히 어느 편에 위치하는지를 결정할 수 있었다면 그것은 단지 편파적인 판단에 의한 것일 따름이었다). 거의 일순간에 설치된 장벽은 그때까지 불확실했던 모호함을 결정적인 분리의 폭력으로 대체하였다. 독일 밖에서는 충격적으로 혹은 무심하게 이 사건이 얼마나 심각한 인간적·경제적·정치적 변화를 예고하는지를 이해하였다. 그러나 미처 파악되지 못한 것이 있었는데(많은 독일인들의 경우도 비슷했던 것 같은데), 실제로 이 벽은 시시각각 변화하는 베를린의 실체에 **추상성**을 덧씌우기 위해 세워졌다는 것이다. 베를린은 사실상 그 심층적 현실 속에서 단 하나의 도시도 두 개의 도시도 아니었으며, 한 나라의 수도도 아니었지만 그렇다고 단지 평범한 대도시도, 중심도 아니었다. 하지만 이 부재하는 중심 외에 다른 것도 아니었는데 이러한 상황은 현재도 달라진 바가 없다. 그런데 장벽은 분리를 **추상적으로 구체화하기를**, 분리를 볼 수 있고, 만질 수 있게 만들고자 했다. 즉, 이후로는 베를린을 그 이름의 통일성 안에서 사고하도록, 더 이상 잃어버린 통일성 같은 것 아래에서가 아니라 완전히 다른 두 도시라는 사회학적 현실로서 사고하도록 강제하길 원했던 것이다.* 베를

---

* 장벽은 한 상황의 사회적 진실, 사실적 상태를 가지고, 그 상황의 더욱 심층적인, 대단히 단순화하여 변증법적이라고 말할 수 있는 진실을 대체하고자 하였다.—M. B.

린 장벽이 '스캔들'이지만 중요한 까닭은 그것이 구체적 억압을 표상하면서도 그 자체는 본질적으로 추상적이기 때문이다. 그리하여 그것은 늘 그 사실을 잊고 사는 우리에게 공허한 추상성, 그 비현실성은 단순히 잘못된 사고 방법이나 특별히 빈곤해진 언어 형태가 아니라 바로 우리의 세계라는 사실을, 우리가 하루하루 생각하고 살아가는 이 세계라는 사실을 일깨워 주기 때문이다.

베를린의 상황에 대하여 무수히 많은 글들이 발표되었다. 그렇지만 적어도 독일인이 아닌 사람들에게 가장 면밀하게 상황을 이해시킨 글이 정치적이지도 사실적이지도 않은 두 편의 소설임을 발견하고 나는 적잖게 놀랐다. 오로지 우베 욘존[**]의 재능에 공을 돌리기보다는 문학적 진실의 힘을 강조하는 편이 옳을 것이다. 작가로서 분단이 문제되는 책을 쓰는 데 따르는 어려움, 나아가 불가능성, 말하자면 이 불가능성을 책을 쓰면서, 글쓰기에 의해서 다시 포착해야 할 필요성, 이것이야말로 작가가 한순간의 소홀함도 없이 엄중하게 유지해야 할 현실과 그 현실의 의미에 대한 문학적 포착 사이의 간극 바로 그 안에서, 문학작품을 '베를린'의 특이함에 접근시켜 주는 것이다. 이런 작품들이 세계, 혹은 세계에 대한 정치적 책임과 맺는 관계는 멀고도 간접적이지 않은가? 독자들과 성급한 평자들은 그렇게 반문할 수 있을 것이다. 간접적? 맞는 말이다. 그러나 우

[**] Uwe Johnson(1934~1984); 독일 소설가. 분단 독일과 베를린 문제를 주로 다뤘다. 1959년 동베를린에서 서베를린으로 이주하였다. 『야곱에 대한 명상』(*Mutmassungen über Jakob*, 1959)과 『불가능한 전기』(*Das dritte Buch über Achim*, 1962) 등은 불연속적인 실험적 서술방식을 통해서 세계의 불확실성을 잘 드러내는 작품들이다.―옮긴이

리는 말 혹은 글쓰기를 통하여 '세계'를 파악하기 위해서는 간접적
인 것이야말로 곧바르고 가장 빠른 길이 아닌가를 자문해 보아야만
한다.

4장

—

5월 운동
1968

학생-작가 행동위원회의 전단(1968년 5~6월)

학생-작가 행동위원회는 소르본 점거 3일째 되는 날에 결성되었다. 로베르 앙텔므, 모니크 앙텔므, M. 블랑쇼, J. 벨프루아, V. 부누르, M. 뒤라스, J. 뒤비노, L.-R. 데 포레, M. 레리스, D. 마스콜로, M. 나도, C. 로슈포르 등등이 점거된 소르본에 매일 모여서 토론하며 전단지·호소문·공동 선언문을 작성하는 가장 열성적 구성원들에 속했다. 한 해가 지난 뒤에 뒤라스는 이들에 대해서 다음과 같이 말했다.

"하나의 텍스트를 부인하는 것, 그것 역시 하나의 텍스트를 작성하는 것이나 마찬가지다. 다른 곳에서 읽혔더라면 지지를 이끌어 내었을 텍스트도 이곳에서는 거부되었다. 첫 움직임은 심판에 맡겨진 텍스트에 대한 거부였다. 찬성에 대한 훈련이 어찌나 지독했던지 일단 고삐가 풀리자 자유는 그 무엇보다도 거부하는 것이었다."—M. Duras, 「위원회의 탄생」(Naissance d'un Comité), 『사유의 공산주의를 찾아서』(À la rechercher d'un communism de penseé), Fourbis, 1993 중에서.

남아 있는 모든 전단들은 『리뉴』(Lignes), 마스콜로 특집호(「디오니스 마스콜로와 함께 121인 선언에서 68년 5월까지」Avec Dionys Mascolo, Du manifeste des 121 à Mai 68, no. 33/1, 1998년 3월)에 수록되었다. 여기에는 모리스 블랑쇼가 쓴 것으로 알려진 텍스트·전단·선언문들만 재수록하였다.

우리가 여기서 표명하는 연대감[*]

우리가 여기서 표명하는 세계의 학생 운동——프랑스 전반에 빈틈 없이 구현된 소위 복지사회를 눈부신 단 몇 순간에 돌연 뒤흔들어 버린 이 운동——에 대한 연대감은 무엇보다도 거짓말들에 대응하 기 위한 것이다. 이미 여러 달 전부터 모든 국가기관, (극소수 예외 를 제외한) 모든 정치집단, (거의 예외 없이) 모든 언론 정보기관이 이 운동을 변질시키고, 그 의미를 타락시키거나 희화화하기 위해서 거짓말들을 동원해 왔다.

이 운동 안에서 모색되고 문제되고 있는 것, 그것이 단순한 비판 은 언제든 역이용되고 말 정도로 강력하게 조직되고 통합된 소외구 조로부터 모든 수단을 동원하여 탈피하려는 의지임을 인정하지 않 는 것은 통탄할 일이다. 또한 이 운동의 일부에서 비난받고 있는 폭

---

[*] 1968년 5월 9일자 『르 몽드』에 「학생 운동이 반대하고 거부의 힘을 유지하는 것은 극히 중요하다라고 장-폴 사르트르, 앙리 르페브르, 그 외 작가와 철학자 그룹이 선언하다」라 는 표제 하에 게재되었다. 앙텔므, 블랑쇼, 마스콜로, 고르즈, 클로소프스키, 라캉, 레리 스, 나도, 페뇨, 피에르 드 망디아르그, 리카르두, 로베르, 루아, 사로트, 쉬스테르, 세로, 비티그들이 함께 서명하였다.

력성은 대다수 현대 사회가 그 비호 하에 유지되고, 경찰의 야만성은 단지 폭로된 일각에 불과한 거대한 폭력에 대한 응수일 뿐임을 인식하지 않는다면 그 역시 통탄할 일이다.

우리가 더 이상 주저하지 않고 고발하려는 것은 바로 이 통탄을 금치 못할 상황이다. 동시에 강력히 표명하고자 하는 바는 기존의 체제에 맞서, 학생 운동이 어떤 약속도 내놓지 않고, 오히려 설익은 모든 긍정을 경계하면서 저항하고 미래를 열어 줄 열쇠로서——우리가 그렇게 믿고 있는——거부의 힘을 유지하는 것은 더할 나위 없이 중요하고 결정적이라는 사실이다.

1968년 5월 8일

정부는 지배한다 오로지

정부는 대중의 신뢰를 가지고 지배한다.

대중의 신뢰가 없으면 정부는 오로지 강제력에 의해서만 지배한다.

샤틀레 협상*에서 대중의 신뢰가 배신당하였음은 확실하다.

정부가 내전의 위협 없이 더 이상 지배할 수 없음은 확실하다.

정부는 이제 대화 상대가 아니라 억압적 힘의 소지자에 불과하므로
물러나야만 한다.

학생–작가 행동위원회

---

* 1968년 5월 말에 열린 노사정 협상. 최저임금 조정·임금인상·노동시간 감축·노조지회 인정을 합의하였다. 1968년 5월 27일, 대표들에 의해서 타결되었으나 일반 노조원들의 거부로 조인되지는 않았다.—옮긴이

거부의 힘에 의해서*

학생 운동이 간직한 거부의 힘 그리고 노동자 계층과 긴밀히 연대한 지속적 투쟁 움직임에 의해서 학생들의 항거는 프랑스를 지배하는 착취와 억압의 체제에 결정타를 가했다. 동시에 이 움직임은 교육기관들과 전통적 정당들을 뒤흔들어 놓으면서 우리들을 정치적 죽음에서 구출하는 데 결정적으로 기여했다.

이 항거의 의의, 그 안에서 표출되는 행동의 독창성, 항거를 통해 쟁취되어 지금은 모두의 것이 된 새로운 자유를 수호하기 위하여 총력을 기울여야 한다. 이제는 그 어떤 조직도 혁명의 요구를 홀로 대표한다고 주장할 수 없을 것이다.

그래서이다. 국가 권력에 적법성이 결여되었을 뿐 아니라, 비방성 논리에 기초하여 모든 반대 단체들에 금지의 굴레를 씌울 수 있

---

* 선언문 「거부의 힘에 의해서」는 1968년 6월 18일, 『르 몽드』를 비롯한 몇몇 일간지에 100여 명의 작가, 예술가들의 서명과 함께 게재되었다. 위원회 구성원들 외에 사르트르, 보부아르, 슈바르츠, 엘리옹, 브레송, 고다르, 르브륀, 뒤팽, 말, 리베트, 앙리코, 알리오, 아가친스키, 뷔아르네, 도르, 아비라셰드, 도본느, 루아, 토포르, 드 고텍스, 란츠만, 트뤼포가 서명하였다.

게 한 조치들을 통하여 노동자와 학생들의 투쟁을 방해하려고 획책하는 시점에서, 이 호소문의 서명인들은 해산명령을 받은 조직의 구성원들에 대해 취해진 모든 기소 절차가, 기소 대상이 된 활동에 책임이 있음을 자인하는 그들에 대해서도 동일하게 취해져야 함을 선언한다. 그들은 가능한 모든 수단을 통해서 피고인들을 지원할 것이다.

범 죄*

학생 운동에 대해 초강경 진압을 시도함과 동시에 드골 장군의 정권은 전 국민을 길들이기로 결정하였다. 반대운동에 대한 불법적 해산조치를 시행한 것은 무절제한 가택수색과 임의 체포(100건 넘는 체포영장 발부)를 허락하고, 특별법원의 활동 재개를 허가하여, 결국 모든 집회를 금지하기 위한 것일 뿐이다. 다시 말해 공화국 대통령이 선포한 바와 같이 거리에서건, 공공건물(대학·의회)에서건 더 이상 아무 일도 일어나지 않도록 하기 위한 것이다. 요컨대 **정치적 죽음**을 포고한 것이다. 외국인들로 말하자면, 수백여 명이 〔그들 본국 정부들조차 놀랄 정도로 폭력적인 조건 하에서〕 위협받고, 쫓기고, 추방되거나 간혹 출신국가의 박해 속으로 송환되었으며 현재도 이러한 상황은 지속되고 있다. 반정부 활동을 의심받는 학생들에 대해서는 입영연기 취소를 내세운 협박이 행해지고 있다. 독재체제

---

*「범죄」는 "학생-작가 행동위원회"의 이름으로 1968년 7월 29일 『르 누벨 옵제르바퇴르』에 실렸다. 원래 전단에는 없었으나 『르 누벨 옵제르바퇴르』에는 있는 구절을 〔 〕에 표기했다. 이 글의 첫 몇 줄은 잡지 『위원회』 제1호, 「거리」라는 제목의 글에 재등장한다.

하 정치경찰의 관례에 따라, 소위 '국제적 음모'의 '증거'가 될 만한 증빙들이 조작되고 있으며, 동시에 경찰 본부의 차트 위에는 감시·경고·뒷조사·심문·체포와 같은 정치테러 수단들의 단계적 희생자가 될 인사들의 명단이 기록되고 있다. 이 모두가 은밀한 탄압을 위한 야만적 공권력의 강력한 장치가 마련되었음을 말해 준다.

그리하여 상황이 지극히 심각함을 강조하면서 우리는 모든 시민들[특히 지식인, 교직자, 예술가, 학자, 연구인들]에게 경찰 탄압을 앞세운 드골 체제에 대항하여 연대할 것을 호소하며, 정권이 [강압적으로나 술수를 사용하여 대학교들과 대학·미술학교·문화센터들을 우선적으로 장악함으로써] 가장 자유롭고 가장 단호한 움직임, 매우 소중한 미래의 기회들 중에 하나로 기약되는 운동까지 섬멸하겠다고 나서고 있는 지금, 우리는 이 범죄에 대하여 대통령을 우선적이며 개인적인 책임자로 간주하고 있음을 선언하는 바이다.

1968년 6월 25일
학생–작가 행동위원회

운동을 지원하는 학생-작가 행동위원회 회보, 『위원회』(Comité) no.1, 1968년 10월.

다음 글들 중의 첫 글, 「가능하다면 이런 특징들을」에서 모리스 블랑쇼가 그 취지와 집필 방식을 제안하는 잡지는 1968년 10월 『위원회』라는 제목으로 세상에 나오게 된다. 이 잡지는 제1호, 단 한 권만이 발간된다. 제2호는 초안 상태로만 남고 발간되지는 못한다. 앞에 실은 전단이나 선언서들과는 달리 『위원회』에 실린 글들은 공동 집필된 것이 아니다. 그러나 블랑쇼가 원했던 바에 따라 익명으로 실렸다.

창간호이자 유일한 발행호의 첫 페이지에는 다음과 같은 트로츠키의 말이 인용으로 실려 있다.

"행동위원회는 정치 투쟁의 도구 그 자체이다."

가능하다면 이런 특징들을

생각해 볼 수 있는 발간물의 특징들 :

발간물 역시 단절을 완수하기 위해, 단절의 방식으로 단절을 완수하기 위해 노력할 것이다. 따라서 글쓰기의 기존 관행이나 특권들과는 결별해야 할 필요성이 제기된다.

1. 글들은 익명으로 실릴 것이다. 익명성은 단지 저작물에 대한 저자의 소유권을 해제하기 위해서나, 저자를 그 자신(그의 역사, 그의 개인성, 그의 특성에 결부된 의혹)으로부터 해방시킴으로써 비인칭화하기 위한 것만이 아니라, 집단적 혹은 복수적인 말, 곧 글쓰기의 공산주의를 형성하기 위한 것이다.

2. 이런 이유로 바로 복수성(통일을 지향하지 않는 복수성)을 가능하게 만들기 위해 글들은 파편적 성격을 띨 것이다. 복수성에게 공간을 열어 주면서 동시에 생성 자체를 결코 중단시키지 않을 것이다. 언제나 이미 단절되고 마치 단절에 바쳐진 것 같은 글들, 이것은 글의 의미를 그 내부에서가 아니라 글과 글 사이의 결합과 분리·공동 배치·상호 차이의 관계 안에서 찾기 위한 것이다.

3. 의미가 공동 배치(언제나 불연속적이며 대립적이기도 한, 본질적으로 다른 형태와 '장르'에 속하는 일련의 글들의 연속)에 의해 부여되는 만큼 다른 곳에서 이미 발표된 글들과 발간물을 위해 새로 쓰인 글들을 구분할 이유가 없다. 종종 이미 발표된 글들 속에 잠재적인 인용의 가능성을 지닌 파편들, 더 간단히 말해 다른 글들과 관계 맺음을 통해 새로운 의미를 가질 수 있거나, 우리가 추구하는 바에 소용이 될 수 있는 조각들·문장들·단락들이 있다. 독창성 혹은 미발표문의 특권에 대한 모든 선입견을 포기할 것.

4. 마찬가지로 해설 없이 현실에서 그대로 잘라 옮겨 와 생생한 힘이 그대로 살아 있는 이런저런 정보들도 드문드문 혹은 촘촘히 이 불연속적인 일련의 글들 사이에 끼어들면서 우리가 추구하는 바의 일부가 될 것이다.

5. 최우선적으로 직접적으로든 간접적으로든 목소리 없는 이들, 작가가 아닌 사람들, 담론이 포착하지 못하는 사람들이 ─ 그들이 바로 이 담론 안에서 자신들의 목소리를 가장 효과적으로 낼 수 있다고 믿는다 할지라도 ─ 글들 안에서 의사를 표현하거나 자신들이 대변되었다고 느껴야 할 것이다.

6. 요컨대 언어는 글의 내용이나 형태를 통해서가 아니라 글들 사이의 관계, 그들이 형성할 수 있는, 필연적으로 불협화음을 내는 총체에 의해서 주어진다. 그들이 간직하는 불연속성과 이 닫혀 있지-않음을 통해서 더욱 급진적인 언어, 담론과 문화의 바깥에 위치하는 언어를 통해 진술하면서도 부단한 질문 작업을 지속적으로 유지해야 할 언어를 추구하는 일이 가능해질 것이다.

7. 기간이나 형태, 표현방식에서 불규칙성을 추구하는 본질적으로 불규칙적인 발간물.

따라서 언제나 중심에서 어긋나 있는 3개의 중심:

―단절(단절의 원초적 힘)의 수행으로서의 운동

―노동 공간에서 단절의 가능성들(노동자-학생의 관계)

―국제적 의무(외국과의 관계).

그러나 모든 것이 우리에게 속한다. 다시 말해 우리는 모든 것에 속하면서도 아무것에도 속하지 않는다.

마르크스 읽기

우리는 마르크스에게서 언제나 마르크스 자신의 것인 세 종류의 언어가 힘과 형태를 얻게 되는 것을 본다. 이 언어들은 모두가 필수적인 것이지만 서로 분리되어 있고, 대립적이라기보다는 병렬적이다. 이들이 함께 묶인 이질적 상태는 마르크스 이후 말하고 글 쓰는 사람이라면 누구나 책임을 전적으로 유기한다고 느끼지 않고는 외면할 수 없는, 다수의 요구들과 직결되어 있다.

1. 첫번째 언어는 직접적이지만 길다. 그 언어를 사용하는 마르크스는 '사상적 저술가'의 모습이다. 전통에서 나온 그 언어는 철학적 로고스를 사용하고, 헤겔에서 빌려 온 것이든 아니든(이것은 아무래도 상관없는 일이다) 주요 어휘들의 도움을 받으며 사유의 요소들 속에서 다듬어진다. 로고스의 전 역사가 그 안에서 재확인되기에 길기는 하지만 두 가지 점에서 직접적이다. 무언가 해야 할 말이 있기 때문에, 그리고 특히 그 할 말이 대답이며, 대답의 형태로 기입되기 때문이다. 확고부동하게 결정적이며, 최종적인 것으로 주어지고, 역사에 의해 채택된 바로서 그 대답들은, 역사의 중단 혹은 단

절의 순간에만 진실이 될 수 있는 그런 것이다. 소외, 욕구의 최우선적 성격, 물질적 실천 과정으로서의 역사, 전인격적 인간이라는 대답을 제시하는 그 언어는 하지만 자신이 어떤 질문에 답하고 있는지, 그 질문에 대해서는 미결 혹은 미정인 상태로 남겨 둔다. 오늘의 독자나 과거의 독자가 제각기 그 질문의 빈자리에 무엇을 가져다 놓아야 할 것인가를 결정하는 데 따라서 —— 이렇게 언제나 차라리 더욱더 비워 내야 할 빈 곳을 채워 넣으면서 —— 이 마르크스의 언어는 때로는 휴머니즘으로, 역사주의로, 혹은 무신론, 반-인간주의, 나아가 허무주의로도 해석된다.

2. 두번째 언어는 정치적이다. 그것은 간결하고 직접적이다. 모든 말을 건너뛰어 버리는 그것은 간결함과 직접성 그 이상이다. 그 말은 의미하기보다는 호출하며, 폭력과 단절의 결정을 실어 나른다. 엄밀히 따지자면 그것은 아무 말도 하지 않는다. 성급하고 지나친 요구, 과도함만이 그 유일한 절도이므로, 언제나 지나칠 수밖에 없는 요구와 연결된 그 언어는 단지 그것이 예고하는 투쟁과 혁명의 절박함일 뿐이다. 그것은 투쟁을 선동하며 (우리가 서둘러 잊으려고 하지만) '혁명적 테러'를 주장하기를 마다하지 않고, '영구혁명'을 권고한다. 그것은 혁명을 때가 되면 필요한 것이 아니라 언제나 바로 임박한 것으로 지목한다. 미룰 수 없다는 것이 혁명의 특징이기 때문이다. 혁명이 시간의 흐름을 통과한다고 해도, 그것은 언제나 시급하고 당면한 삶의 요구로서 자리매김하면서이다.

3. 세번째 언어는 과학적 담론의 간접적인 (따라서 가장 긴) 언어이다. 이 자격으로 마르크스는 다른 지식의 대표자들에 의해서 존

경받고 인정받는다. 그는 이 경우 과학자이고 학자의 윤리에 부응하며 모든 비평적 재검토에 회부될 것을 받아들인다. 그는 마르크스주의에 헌신하는 마르크스, "모든 것에 대해 의심하면서"를 좌우명으로 삼고, "나는 학문 외적 이익에 학문을 적당히 꿰맞추려는 사람을 '비열한'이라고 부른다"라고 선언하는 마르크스이다. 그럼에도 『자본』은 본질적으로 전복적인 작품이다. 과학적 객관성의 길을 통해서 혁명의 필연적인 결과로 인도할 것이기 때문은 아니다. 그보다는 그 책이 공식적으로 표명하지는 않지만, 과학의 개념 자체를 뒤엎는 이론적 사유 방식을 내포하기 때문이다. 과학도 사유도 사실상 마르크스의 작품을 무사히 통과해 나오지 못한다. 단순한 수사가 아니라 매우 강력한 의미에서 무사하지 못하다고 할 수 있는데, 과학은 과학 자체의 급진적인 변형으로, 실천 안에서 언제나 진행 중인 변혁의 이론으로 지목되며, 마찬가지로 이 실천 안에서는 언제나 이론적 변혁이 진행되기 때문이다.

여기서 이 문제를 더 깊이 논의하지 않더라도, 마르크스의 예는 글쓰기의 언어, 부단한 비판의 언어는 항상 **다수적인** 형태로 개진되고 단절되어야 한다는 것을 이해하게 만든다. 공산주의자의 언어는 언제나 암묵적인 동시에 격렬하며, 정치적인 **동시에** 학술적이며, 직접적이며 간접적이며, 전체적이며 파편적이며, 길면서 거의 즉각적이다. 마르크스가 그의 내부에서 지속적으로 충돌하며 분리되는 이 다수의 언어와 편히 공존했던 것은 아니다. 동일한 목표를 향해 수렴하는 것 같아 보여도 이 언어들은 쉽사리 호환되지는 않을 것이다. 그것들 사이의 이질성, 그것들을 어긋나게 하는 간격 혹은 거리는 그 언어들을 각각 다른 시대 배경에 속하게 만들고 거기에서 비롯되는 제거할 길 없는 뒤틀림 효과는 마르크스를 읽어 내야(실천해야) 하는 사람들을 부단한 재조정 작업 하에 처하도록 강요한다.

'과학'이라는 단어가 다시 핵심어가 된다. 인정하기로 하자. 그러나 과학들은 있어도 '과학'은 아직 없다는 사실을 상기하자. 과학의 과학성은 언제나 이데올로기의 종속 하에 남아 있고, 오늘날 어떤 개별 과학도, 인문과학마저도 이데올로기를 제거하지는 못할 것이다. 게다가 어떤 작가도, 설령 마르크스주의 작가라 할지라도, 학문에 종사하듯이 글쓰기에 투신할 수는 없다. 왜냐하면 문학(그것이 해체와 변형의 모든 힘과 형태를 책임질 때, 글쓰기의 요구)이 과학이 되는 움직임이 있다면 그것은 동시에 과학을 문학으로 만드는 움직임이기도 할 터인데 문학이라는 그 기입된 담론은 언제나처럼 '글쓰기라는 광기 어린 게임' 속으로 빠져드는 것이기 때문이다.

전단, 포스터, 회보

位에 쓰기, 그것은 여하튼 부적절한 일이다. 그렇지만 무엇보다도 그 位에 무언가를 쓰는 일이 —— 묘비명·주석·분석·찬사·규탄 —— 더 이상 허락될 수 없도록 운명 지어진 (단지 이것만이 그 운명이라는 것은 아니지만) 사건에 대해 쓴다는 것, 그것은 미리부터 그 사건을 왜곡하고 영원히 이해할 수 없게 만드는 일이다. 그러므로 우리는 5월에 무슨 일이 일어났고, 무엇이 일어나지 않았는지에 대해서는 결코 쓰지 않을 것이다. 존경심 때문이거나, 사건을 한정 지음으로써 사건의 범위를 축소하게 되지는 않을까 하는 우려 때문이 아니다. 이 거부는 글쓰기와 단절의 결정, 언제나 임박해 있으나 예측 불가능한 그 둘이 합류하는 지점들 중 하나임을 우리는 인정한다.

• 이미 수십 권씩 5월에 일어난 일과 일어나지 않은 일에 대한 책들이 출간되었다. 이 책들은 대체적으로 지적이고, 부분적으로는 정당하며, 아마도 유용할 것이다. 주로 사회학자·교수·기자들이

쓴 책들이며 운동가들이 쓴 것도 있다. 물론 5월 운동이 그것 ── 책의 현실성과 가능성, 요컨대 완수와 완성 ── 을 금지하는 측면이 있다고 해도, 그 누구도 5월 운동의 힘에 의해서 책이 소멸되는 것을 보리라 기대하지는 않았다.

• 책은 사라지지 않았다, 그 사실은 인정하자. 그렇지만 우리 문화의 역사, 나아가 전 역사를 통해서 글쓰기를 책이 아니라 책의 부재로 향하도록 끊임없이 작용해 왔던 모든 것이 책의 부재로 인한 충격을 준비하면서 동시에 그것을 지속적으로 예고해 왔다. 미래에도 책은 존재할 터이고, 아름다운 책들도 분명 존재할 것이다. 그러나 벽 위에 쓰인 글, 기록도 연설도 아닌 이 방식, 길에서 서둘러 배포된 전단들, 길의 서두름의 표현인 그것들, 읽혀질 필요조차 없이 단지 거기 있음으로써 모든 법에 대한 도전을 의미하는 포스터들, 전혀 일사불란하지 않은 구호들, 행진의 리듬이 되는 담론을 벗어난 말들, 정치적 외침들 ── 그리고 이 회보처럼 수십 장씩 뿌려지는 전단들. 혼돈을 야기하고, 호명하고, 위협하며 마침내 대답을 기다리지 않고 질문할 뿐 아니라, 확신 속에 안주하지 않으면서 질문을 던지는 이 모든 것, 우리는 결코 이것을 한 권의 책 속에 가두지 않을 것이다. 책이란 열린 채로 종결을 지향하는, 억압의 세련된 형태이기 때문이다.

• 5월에는 5월에 대한 책은 없다. 시간이 없어서거나 '행동' 해야 할 당위성 때문이 아니라 한결 더 결정적인 이유 때문인데, 바로 책

이 다른 곳에서 쓰이기 때문이다. 출판이 없는 세상에서 쓰여, 경찰에 대항하여 유통되며, 어떻게 보면 경찰의 도움으로 폭력에 대항하는 폭력으로서 유통된다. 이처럼 책의 중단은 또한 역사의 중단인데, 그것은 우리를 문화 이전의 상태로 떨어뜨리는 것이 아니라 오히려 문화 너머의 한 지점을 시사해 준다. 바로 이 사실이 당국·권력·법에 대한 최대의 도발이다. 이 회보가 그 중단이 멈추지 않도록 하면서 그 중단의 상태를 연장하기를. 우리가 단절의 충격과 관계하고 있는 한 책은 없을 것이다. 더 이상 결코 책은 쓰이지 않을 것이다.

• 전단, 포스터, 회보, 거리의 말 혹은 무한한 말들, 그것들이 절대적인 것은 효율성 때문이 아니다. 효율적이든 아니든 그것들은 순간의 결정에 따른다. 그것들은 나타나고 사라진다. 그것들은 모든 것을 말하지는 않는다. 오히려 모든 것을 무너뜨리며 모든 것 바깥에 있다. 그것들은 파편적으로 행동하고 숙고한다. 그것들은 흔적을 남기지 않는다. 흔적 없는 기호. 벽 위에 적어 놓은 말들처럼 그것들은 불안 속에서 쓰여, 위협 하에 읽히며, 그것들 자체가 위험을 의미하며, 그것들을 전달해 주고 잃어버리거나 잊어버리는 행인들과 함께 사라져 간다.

상속 없는 공산주의

상속 없는 공산주의 —— 언제나 잊히는 단순한 사실들을 되새겨야 한다. 애국심, 국수주의, 국가주의. 이 세 가지 태도들 사이에는 사실별 차이가 없다. 단지 국가주의는 체계적인 이데올로기이고, 애국심은 그것의 감상적("나는 프랑스와 결혼했다"라는 곤혹스러운 선언이 여전히 잘 보여 주고 있듯이) 긍정이라는 점이 다를 뿐이다. 가치나 감정들을 통해서 인간을 하나의 시간, 하나의 역사, 하나의 언어 안에 뿌리내리게 하는 모든 것은 그의 속성(예컨대 프랑스인, 고귀한 프랑스의 피)에 따라 그를 특권적 존재로 구성하고, 자신의 현실에 대한 자족감 안에 갇히게 하며, 그 자신의 현실을 하나의 모범으로 제시하거나 혹은 패권적 논리로 강요하려는 행위를 통해서 소외의 단초가 된다. 마르크스는 결연히 말하였다. 소외의 끝은 인간이 그 자신으로부터 (그를 내면성으로 확립시키는 모든 것으로부터) 벗어날 것을 받아들일 때에만 비로소 시작된다고, 즉 종교·가족·국가로부터 벗어날 때에만. 벗어나라는 부름, 다른 세계도 배후 세계도 아닌 바깥으로의 이 부름을 제외하면, 어떤 종류의 것이든 모든 형태의 애국주의에 대항할 수 있는 다른 행동은 없다.

• 애국심은 속마음 깊은 곳에서, 실생활에서, 정치적 활동에서 모든 작품들·사람들·계층들을 화합시키고 모든 계급투쟁을 방지하며, 특별함을 부여하는 가치들(보편의 반열로 격상된 자기 국가만의 특별함)의 이름으로 통일성을 확립하고, 필수적인 분열, 무한한 해체를 위한 분열을 소거하기 위해 작동하고 있는 것이므로 놀라울 정도로 막강한 통합력을 발휘한다. 전략적 술수로 국제공산주의가 국가공동체에 충성하기를 수락하고, 외국 정당으로 취급되는 것에 수치심을 느꼈던 바로 그날 (국제)공산주의는 레닌이 그 영혼이라고 칭했던 것을 상실했던 것이다. 혁명의 조국이라고 말하는 것 혹은 사회주의의 조국이라고 부르는 것도 사실은 극히 부적절한 은유인데, 이것은 어딘가 제 집에 속해야 할 필요성, **아버지**와 **아버지**의 법, **아버지**의 축복에 조아려야 할 필요성을 자극하기에는 가장 적절한 은유이다. 단 한마디의 말, 그것이 탈주를 갈구하는 인간을 타협하게 만든다. 당은 당대로 또 하나의 조국이 된다. 사회주의자들은 (이 점에서는 다른 강경 진보주의자들이라고 덜 우스꽝스러운 것은 아니고, 다들 마찬가지다) 분명 감동적인 뜨거움을 뿜어내며 말한다. "우리에게 당, 그것은 바로 가족이다. 가족의 생존을 위해서라면 우리는 당연히 모든 것을 희생한다"라고. 그 첫번째 희생자가 사회주의가 되고 마는 것이다. 거기다 "조국 아니면 죽음"이라는 명예로운 구호도 그것이 죽음이라는 단어, 즉 삶이라는 단어에 방점을 찍지 않는다면 단지 가증스러운 기만으로 몰아갈 위험이 있다고 나는 생

각한다. 왜냐하면 조국이란 다름 아니라 죽음이기 때문에, 죽은 가치들을 영속화하는 가짜 삶이거나 고통스러운 비극적 죽음, 영웅들의 죽음, 끔찍한 영웅들의 죽음이기 때문이다.

• 공산주의 — 이미 형성된 모든 공동체를 배제하는 (그리고 모든 공동체로부터 스스로도 제외되는) 것. 프롤레타리아 계급은 부족, 불만족, 모든 의미의 결핍만을 공통분모로 갖는 공동체.

• 타협적 공산주의 — "공산주의의 영혼, 그것은 공산주의를 참을 수 없는 것, 다룰 수 없는 것으로 만드는 바로 그것이다"라는 쉽지 않은 말을 레닌은 과감하게 발설한 바 있다. 휴머니즘의 오류에 대해서 성찰하는 것, 그것은 순응적 공산주의의 오류에 대해서 성찰하는 것과 동일한 일이다. 순응적 공산주의가 아무것도 잃지 않기 위해서 모든 것과 화해하기에 이르렀을 때, 인간적인 너무나 인간적인 가치들, 국가적 가치들을 포함한 모든 것과 화해하게 되어 버렸을 때 말이다.

• 공산주의는 그 무엇의 상속자일 수도 없다. 이 사실을 명심해야 하는 바, 적어도 잠정적으로 그러나 급진적으로 지난 세기들의 해묵은 유산들이 — 비록 존경할 만한 유산들이라 하더라도 — 소멸하도록 내버려 둘 것을 끊임없이 요구받고 있는 공산주의는 그 자신의 상속자가 되어서도 안 된다. 이론상의 괴리는 절대적이며 사실상의 단절은 결정적이다. 우리의 세계인 자유-자본주의와 공산

주의적 요구의 현재(현전하지 않는 현재) 사이에는 절대혼돈, 천체의 개벽이라는 이음표가 놓여 있을 뿐이다.

전쟁 상태

다음 진실을 명심하고 살아가기 :

우리가 모든 것을, 거의 모든 것을 말할 수 있는 이곳(프랑스라는 나라)은 실상은 적의 영토이다. 우리의 모든 말이 적에 의해 회수되어 그에 복무하도록 만들어진 공간 한복판에서 우리는 말하고 있는 것이다. 그 적은 우호적이며 친절하나 혹독한 상대다. 우리가 소속된 사회와 우리는 전쟁 중이며 따라서 점령지역에 살고 있다는 사실, 우리들이 아무리 명심하여도 지나치지 않을 일이다. 1940년에서 1944년까지 상당수의 사람들이 직감적으로 혹은 성찰을 통해 강요된 법에 저항하기 위해서 어떻게 생활하고, 행동하고, 사고해야 할 것인가를 알고 있었다. 그러나 해방은 도래하지 않았다. 단지 몇몇 순간, 국가의 공백을 위해 모두가 들고 일어났던 며칠간을 제외한다면. 당시 드골이 첫 마디로 "혁명은 없을 것이다. 혁명의 시대는 지나갔다"라고 선언한 것이 사실이라면, 그는 옛 적을 몰아내자마자 바로 다음 순간부터 스스로를 새로운 적으로 지목하기 위해 진짜 최적의 발언을 한 셈이다. 특히 1958년부터는 대통령이 너무도 가시적인 공공의 적이 되어 버린 까닭에, 그의 가장 위험한 특징들 중 하나가 권력의 부적절함을 희화에 이르도록 몸소 구현하여 모든 적대 세력에게 당당한 구실을 제공했다는 사실일 정도이다.

이러한 상황은 상대적으로 최근의 일이다. 한 세기 전만 하더라도, 정확히 말하자면 전투적 국가주의가 모든 것을 통합했던 1914년의 붕괴 시점 이전까지는, 자본주의 사회는 그들이 이용하면서 지배하던 사람들을 사회의 주변부에 그리고 울타리 밖에 머물게 하였다. 마르크스가 투쟁 구호로서 영구혁명을 부르짖을 때, 그가 노동자들이 무장하고 자율적 프롤레타리아 수비대로 조직화할 것을 주장할 때, 그들에게 공식적 단체와 병행하여 (투표를 통해서) 비밀로든 공개적으로든, 시 의회의 형태로 혹은 클럽이나 노동위원회의 형태로 불법조직을 구축하도록 독려할 때 그가 구상하는 것, 일상적 진실이어야 하는 것, 실천하고 성찰해야 할 가능성이어야 하는 것은 바로 이런 전쟁 상황인 것이다. 이러한 진실은 이제는 분명히 사라졌다. 적어도 안정된 사회라는 우리 사회에서는 그렇다. 1967년의 가장 중요한 사건이 (베트남전쟁, 라틴아메리카의 게릴라전 확산, 중국의 문화대혁명과 더불어) 미국의 흑인운동이라면, 그것은 이 움직임이 최대의 자본주의 사회 내부에 바로 이러한 전쟁, 선포되고 공개된 전쟁을 불러왔기 때문이다. 바로 이 점이 결정적인 것이다. 한 흑인 지도자가 말했다. "우리는 백인 진보주의자들 중에서 점점 더 많은 동조자들을 얻게 될 것인데, 왜냐하면 그 백인들이 스스로를 흑인으로 느끼기 시작할 것이기 때문이다." 이 말은 단도직입적으로 새로운 진실을 발설한다. 여기 우리들도 백인 사회의 흑인들처럼 느끼고 그렇게 행동해야 한다. 우리의 순백에 대항하는 흑인들, 주류에 대항하여 투쟁하는 흑인들. 주류를 상대로 차별을 조직하고, 설령 그것이 우리 자신을 향한 것이 될지라도, 주류를 향해서 차별을 되돌려줄 각오를 하면서라도 말이다. 분리차별, 참담한 말이며 견디기 힘든 결정이다. 그러나 곤혹스럽더라도 명심하자. 술책이나 전반적 합의에 의해서 창살이 보이지 않게 되었을 때에도, 감옥은 거기에 계속 건재할 뿐만 아니라 평생 감옥이 된다. 그 누구도 그곳으로부터 탈출하기 위해 투쟁할 생각을 하지 않기 때문이다. 그러니 첫번째 임무는 창살을 가리켜 보이게 만드는 것이며 나아가 그것을 빨간색으로 칠하는 것이다. 계급투쟁이란 무엇인가? 그것은 하층 계급의 게토(Ghetto)를 열고 온화하게 상층 계급으로 이동하게 만들기 위한 투쟁이 아니다. 그것은 정반대로 계급 간의 부딪힘, 과격하고 파괴적인 접촉 외의 다른 접촉을 불가능하게 만들어 언젠가는 계급 구조의 법칙 자체를 변혁하기 위하여 게토의 폐쇄성을 이용하는 것이다.

이 새로운 분리의 필요성 역시 이해하자. 그 핵심은 이미 모든 것을 가진 자들에게 그 모든 것을 양도하는 것이다. 그렇다. 진실, 지식, 명예로운 특권, 아름다움, 예술과 언어의 아름다움을 포함한 모든 가치들, 한마디로 인류 그 자체, 우리는 그것을 기존의 세계에 동의하는 이들에게 양도한다. 그것은 그들의 것이다. 선(善)은 그들 진영에 있다. 그들이 신 혹은 휴머니즘이라고 일컫는 것과 더불어 살듯이 이 선과도 함께하기를! 그것은 그들의 것이며 오직 그들에게만 가치 있을 뿐이며 그들 사이의 소통만을 허락한다. 그렇다면 다른 이들은? 다른 이들에게는 다시 말해 가능하다면 우리에게는 결핍·언어의 부재·무의 힘, 마르크스가 정당하게 '나쁜 쪽'이라고 지칭하는 것, 즉 비인간적인 것, 물론 여전히 하나의 이데올로기일 테지만 이미 근본적으로 다른 것 그리고 거기에 도달하기 위해서 우리는 언제나 다시금 우리를 가치들로부터, 이미 확보된 가치로서의 자유까지를 포함한 모든 가치로부터 해방시켜야만 하는 그런 것. 대단히 심각하고 힘든 말이지만 달리 표현하자면, 보편성이라는 범주의 파괴라고 말할 수 있는 것, 그런 것이다.

그것은 일종의 광기로 이끌지 않겠는가? 맞는 말이다. 그러나 현대 사회에서 집단적 사고의 방식은 언제나 은폐되어 있는 방식임을, 정신분열적이거나 과대망상이거나 혹은 동시에 양쪽 모두라는 사실임을 이해하자. 사회가 친절하게 제안하는 대로 우리가 치유되길 받아들인다면 우리는 부지중에 보이지 않는 창살 뒤에 있게 되는 것이다. 얼마 전 프랑스 국영 TV방송에서 미국의 한 유명 기자가 피델 카스트로를 "그 흰머리 원숭이"라고 불렀다. 그 기자에게 응수해야 한다.

"그렇소. 사람, 자본주의 사회의 인간은 바로 그대들이오."

오래전부터

오래전부터 언어의 난폭성, 간간이 행동의 난폭성만이 소위 공산주의 정당들과 사회주의 국가들이 혁명의 단절적 힘과 닿아 있다고 믿게 하는 유일한 접점이 뇌었다. 그들의 정치적·사상적·사회적 실천이 현상유지만을 목표로 보수화하면 할수록 그 실천은 점점 더 통치 혹은 협박의 수단을 통해서 강압적이 되어 간다. 전통의 공산주의 정당에서 '강성'으로 분류되는 구성원들은 언제나 가장 약한 사람들, 말하자면 가장 보잘것없는 사람들이다. 왜 그럴까? 그들의 역할이 모든 진정한 결정을 배제하고, 모든 새로운 개념 생성을 저지하는 데 있기 때문이다. 이러한 빈약함은 기구의 탓도, 관료주의의 결과도 아니다. 또한 개별 심리학으로 설명할 수 있는 개인적인 빈약함도 아니다. 그것은 교조주의, 즉 이론적·실천적 공백 상태의 필수 버팀목인데 이 공백 상태는 알리바이와 동력을 얻기 위해 '강경함'과 '경직성'(석화된 프락시스)을 필요로 한다. 그렇다고 이러한 국가들이 주목할 만한 행동에 나서지 않는 것은 아니다. 그러나 이 행동들은 첫째, 언제나 반복적이어서 결코 혁신하지 못하며, 상황들이 유사하다는 오판을 근거로 동일한 '잘못된' 대책을 재생산해 낸다. 둘째, 이 행동들은 언제나 억압적이다. 위험한 미래를 저지하고, 체포하고, 구금한다는 부동성을 과시하기 위해서만 행동을 개시하는 것이다.

따라서 부르주아와 구별되는 특징으로는 오로지 테러의 방식을 가졌을 뿐인 이들 정당이나 국가들이 개량주의라거나 수정주의적이라고 지적하는 데 그쳐서는 안 된다. 그들은 개량주의적이지도, 혁명적이지도, (혁명적 의미에서의) 테러리스트들도 아니다. 그렇다고 그들은 자본주의자들도 아닌데, 이 점에서 여하튼 구조의 변형은 있는 셈이다. 그들은 비자본주의적이며 비사회주의적인 질서와 윤리 속에 경직되었고, 그것은 억압적 관리 기구와 비대한 국가 권력으로 나타난다. 왜 이렇게 되었으며 이 상황의 정확한 특징은 무엇인지, 그것을 바꾸기 위한 가능성들은 어떤 것인지, 이것이 우리가 탐색해야만 하는 것이다.

시범적 행동들

'**시범적** 행동들' 없이는 **혁명**도 없다. 그러나 혁명 —— 한 사회가 그
것의 단절과 혼동되는 급작스럽고 결정적인 변화 —— 이 아니라면
이러저러한 행동이 폭발적 힘, 범례가 될 만한 힘, 곧 전례 없는 힘
을 부여받지도 못할 것이다.

　마치 혁명이 현현한 것과도 같은 몇 번의 시위를 통해 최고조에
달했었던 5월 혁명은 가끔 과시적이라 할 만한 행위를 통해 자신의
동원력을 어떻게 구현할 것인가를 다소 기계적으로 추구하려는 위
험한 경향성, 즉 지나치게 자동적인 움직임을 보였다고 생각한다.
증권거래소 방화사건*이 그런 식으로 감행되었지만 제대로 타오르
지도 못했던 밋밋한 상징이었을 뿐이었다. 마찬가지로 오데옹 점
거**는 유쾌하긴 하였으나 너무 손쉽게 문화가 그로 인해 해방되었
던 것처럼 착각하게 만들었다. 사실 문화는 자기 해체의 감미로운

---

* 1968년 5월 24일 학생시위대의 증권거래소 방화사건을 말함.—옮긴이
** 1968년 5월 15일 미술학교 학생들이 아틀리에 포퓔레르(Atelier Populaire)로 국립고등
　미술학교(Ecole des Beaux-Arts)와 오데옹 국립극장을 동시에 점거한 사건.—옮긴이

쾌락을 볼거리로 제공하였을 뿐인 그곳에서 해체되고 있었다(그것이 부르주아 문화의 극치이긴 하다). 상징적 효율성(레비-스트로스) 이론이 여러 경우에 무분별하게 적용되었고 그 한계를 드러냈다고 생각하게 된다.

바스티유 함락, 죽음, 즉 왕에 대한 심판은 기막히게 시범적인 행동들이었다. 트로츠키의 페트로그라드(Petrograd) 코뮌 형성, 발트해 수병들의 겨울궁전 공격 등도 그러하였지만, 황제의 의문의 죽음은 단순한 실무적 조심성에 지나지 않는다.

바리케이트의 밤, 소르본 점거, 그르넬 합의*에 대한 '동의하지 않음', 강력 파업, 플랭** 등은 혁명의 가능성이 현전하였을 뿐 아니라 하나의 부정 —— 공백 상태를 만들고 시간을 정지시키면서 미래를 가리키는 것 —— 으로 확인되는 순간이었다. 그때마다 위반이 있었다. 순수한 위반. 법(미약한 정권의 법, 더 엄중한 당의 법)이 뒤집히거나 더 나은 경우 아주 무시되었다. 혹은 그것은 위반 그 자체였다. 불가능의 가능성으로서 위반, 그것이 아니었다면 사라졌을 금지에 여전히 약간의 의미를 부여하는 유일한 것이었다.

이 모든 것에 대해서 다시 생각해 보아야 할 것이다. 요약하자면 '시범적 행동'이란 아주 먼 곳으로부터 유래하여, 그 자신을 극복하고, 한순간 자신의 한계를 허물어 버리며 자신을 훌쩍 뛰어넘기에 가능한 것이다. 바리케이트가 시범적이었던 것은 그것이 의미하는 바가 이러했기 때문이다. ① 우리는 여기 남는다. 우리는 법-외의 공간인 한 공간을 해방시켰다. ② 이제는 전쟁이다. 우리는 전사이며 더 이상 시위대가 아니다. ③ 우리는 두려움을 넘어섰다. ④ 우리는 공동 작업으로 바리케이트를 세운다. 공동 작업에서는 새로운 공동체가 확인되는데 그것은 제2의 코뮌이다. ⑤ 목표는 소르본 점거인데, 천년 넘게 낡은 지식이 교육되던 한심한 건물이 갑자기 너무도 기발하게 금지로 고양된 하나의 기호, 재정복하거나 재발명해야 할 새로운 지식, 무법의 지식, 법에서 해방된 지식 그래서 비-지식의 기호, 이제는 끊이지 않는 말로 재탄생하였다.

　마지막으로 한 가지만 더 생각해 보자. 시범적 행동을 구성히는 것, 그 위대한 폭발력은 어디에서 기인하는가? 그것은 시범적 행동이 폭력의 필연성을 탑재하고, 폭력을 행하며, 너무도 오랫동안 당해 오다 돌연 참을 수 없게 된 폭력을 폭로하며, 격렬하거나 차분한 무한 폭력으로 그 오래된 폭력에 응수하기 때문이다. 그리하여 최고의 폭력은 아마도 금지(금지된 콘-벤디트,[***] 그것이 정권의 한심

---

* 앞의 샤틀레 협상과 동일 협상을 지칭. 당시 협상 장소이던 노동부가 그르넬 거리의 샤틀레 청사에 위치했기에, 그르넬 협상, 혹은 샤틀레 협상이라고 불린다.—옮긴이

** Flins ; 르노 자동차 공장 소재지 중 하나. 이블린(Yvelines)에 위치하며 불론뉴-비앙쿠르의 르노 공장과 함께 약 한 달간(5월 16일~6월 18일) 파업 지속.—옮긴이

*** Daniel Cohn-Bendit(1945~) ; 5월 혁명 당시 소르본 점거 등을 주도한 학생 운동가. 그의 아버지는 나치를 피해 프랑스로 이주한 유태계 독일인. 그는 프랑스에서 태어났지만 독일 국적을 가지고 있었다. 베를린 여행 중이던 그에게 프랑스 당국은 5월 21일 프랑스 거주금지 조치를 내린다. 5월 22일에는 이 금지령에 항의하는 대규모 집회가 있었다. 여기서 등장한 "우리는 모두 독일 유태인이다"라는 구호는 5월 혁명의 상징적 구호로 남아 있다. 1999년부터 현재까지 유럽의회 의원. 유럽 녹색당 소속으로 반국가주의·유럽연방을 신념으로 정치 활동을 하고 있다.—옮긴이

4장_5월 운동(1968) · 137

한 '시범적 행동'이었다)를 거부하기 위해서 그 순간만은 절대적 의미에서 혁명적이었던 수천 명의 노동자와 학생들이 이렇게 외치면서 발걸음을 맞췄던 그 비-폭력의 순간이었다. "우리는 누구나 독일 유태인이다." 결코 어디에서도, 그 어떤 순간에도 이런 말이 터져 나온 적은 없었다. 최초의 말, 경계를 열고 무너뜨리는 말, 미래를 열어젖히고 뒤흔든 말.

유고슬라비아 라디오TV 관계자에게 보내는 편지[*]

안녕하십니까,

유고슬라비아 인민들에 대한 우정과 해방을 향한 그들의 노력에 존경을 표하기 위해서 당신의 설명 요청에 어떻게든 답해 보려고 합니다. 우선 다음을 지적하겠습니다. 즉각적인 정치적 결과가 무엇이든 간에 (사실 그러한 것들은 결국에는 별 중요성이 없습니다) 너무도 중대한 일이 발생했기 때문에 이론적인 면에서나 실천적인 면에서, 여기에서든 다른 곳에서든 삶은 더 이상 이전과 같지는 않을 것이라는 점입니다.

5월 내내, 특히 5월 18일에서 30일 사이에 혁명은 가능태로 존재하였습니다. 그리고 만일 프랑스 공산당(조직과 기구로서의 공산당을 가리키는 말이지, 변함없이 헌신적인 운동가들을 말하는 것이 아닙니다)이 두려움의 대상이 되기를 두려워하고, 공산주의라는 단어에

---

[*] 수신인은 일리야 보조비츠(Ilija Bojovic)로 알려졌음.

공산주의자들 스스로 뒷걸음질치면서, 직무를 유기하고, 운동을 저지하고, 무너져 가고 있던 드골 권력과 그 권력이 대변하는 사회를 소생시키는 데 전력을 다하지 않았더라면, 혁명은 현실(일시적 현실)로서 이루어질 수도 있었을 것입니다.

여기서 동유럽의 동지들이 ── 특히 소비에트의 지도자들이 ── 드골과 드골 정권에 대해서 얼마나 애석하고 이데올로기적으로 불행한 판단 착오를 범했는지를 지적해야 하겠습니다. 이 정권은 우리 공산주의 지식인들에게는 최악의 것을 의미합니다. 10년 전부터 우리들에게 강요되는 것은 정치적 죽음의 상태입니다. 실제적인 모든 정치적 삶을 제거하고, 비정상적인 국가주의 외에는 어떠한 지향점도 없이, 프랑스에서만이 아니라 독일에서까지 국가주의를 되살려 내고, 시대착오적이며 도덕적으로 가증스러운 국가적 위대함을 기치로 내세우고, 착취와 탄압의 경제 시스템을 유지하고, 특별히 권위적이고 오만한 단 한 사람을 위해 발언과 진정한 결정의 모든 가능성을 가로채 간 정권입니다(외견상 발언의 권리가 주어졌다 하더라도 이는 그 권리가 효과 없는 것이라는 조건을 달고 있었습니다).

10년 동안 우리들은 이 정치적 죽음의 상태를 겪었고 드골 자신도 이 죽음의 대표자, 고상하고 동시에 범속한 허무의 대표자 외에는 다른 그 무엇도 아니었습니다.

이렇게 정치적 죽음과 더불어 잠재적 전쟁 상태가 지속되었습니다. 왜냐하면 이 시기 내내 이른바 복지사회라 불리고, 사회주의를 건설하려는 민중들의 감탄의 대상이었던 (얼마나 부질없는 일인가) 프랑스에서 노동자와 학생 그리고 지식인들이 대표하는 범진보세력들은 끊임없이 전쟁을 치르듯이 지내왔기 때문입니다. 제 나라에 살면서 점령지에 살듯이, 10년 전 군사적 강권으로 도입되어 강요된 잘못된 법에 반체제적 저항을 계속하면서 지내 왔습니다.

새롭게 떠오르는 힘들, 젊은 노동자와 학생 세력이 의식적·무의식적으로 겪은 거대한 억압이 기적처럼 돌연히 이 항거의 순간을 촉발했다는 사실, 물론 정확히 예측할 수는 없었지만 예상은 가능한 일이었습니다. 역동성과 비범한 정치적 창의력을 발산하는 움직임, 자유의 움직임인 동시에 거부의 움직임. 그 특징들을 지칭할 시간, 거기에 이름을 붙임으로써 그것을 제한할 순간은 아직 오지 않았습니다. 그러나 지금 바로 지적할 것은 이 운동이 부르주아 사회에 대한 총체적 비판의 움직임이기는 하지만 특히 무엇보다도 드골 권력과 그 사회, 드골 장군과의 단절을 추구하고 있으며, 앞으로도 모든 수단을 동원하여 이 단절을 추구해 나갈 것이라는 사실입니다. 이런 까닭에 이 움직임에서 보이는 하나의 중요한 특징은 반국가주의적이며, 국제주의적 마르크스주의의 맥을 다시 잇고 있습니다. 그리하여 불행하게도 지난 수십 년 동안 전통적 공산주의 정당들이 저버린 국제주의적 요구의 핵심적 의미를 확인하거나, 재확인하고 있습니다. 이 운동은 급진적 단절의 움직임으로 분명 과격하지만 잘 제어되고 있으며, 공산주의적인 목적성을 가지고 지속적인 비판을 통해서 권력, 예외 없이 모든 형태의 권력을 문제 삼는 움직임입니다. 따라서 그것은 본질적으로 거부의 움직임일 것입니다. 이 움직임은 성급한 모든 긍정이나 강령을 경계하는데, 그 까닭은 필연적으로 소외되거나 허위적일 수밖에 없는 담론으로 표명되는 모든 긍정에는 기존의 체제(산업자본주의적 사회체제), 제 아무리 '전위적인' 것이라 하더라도 문화까지 망라하여 모든 것을 통합하는 그 기존의 체제에 의해 흡수당할 위험이 존재한다는 것을 예감하기 때문입니다.

1968년 6월 8일
파리, 마담 길 48번지(6구)
모리스 블랑쇼

유사한 다른 움직임들과 이번 사건을 구별 짓는 충격적인 특징을 다시 한 번 상기하자면, 이번 학생 저항운동이 자발적으로 한순간에, 외관상 평온하고 만족감에 젖은 사회에 혁명적인 사회 위기를 촉발할 수 있었다는 사실입니다. 천만 명의 노동자를 동원하여 공장을 마비시키면서 적극적인 자발적 파업으로 위기를 표출시켰습니다. 더구나 노조 지도부의 반대에도 불구하고, 모든 야권 정당들의 만류에도 불구하고 이런 사태가 일어났다는 사실입니다. 며칠 사이에 현대 사회 전체가 와해 과정에 돌입했습니다. 결정적인 것은 바로 이것입니다.

일리야 보조비츠에게 보내는 편지

일리야 보조비츠 씨에게

당신의 질문에 직접적으로 답해 드리지 못하는 것을 유감으로 생각합니다. 먼저 양해를 구할 점은, 제가 기억하는 바로는 저는 질문들에 바로 답변하는 것을 한 번도 받아들인 적이 없다는 사실입니다. 그 이유는 이렇습니다. 대답이란 오로지 대화 상대자에게만 줄 수 있는 것입니다. 그리고 좋은 질문, 진정한 질문을 내어 놓는 데 성공한 사람은 자신의 임무를 완수한 것이고 그렇다면 단지 물러나는 일만 남은 것이지요. 그러나 만일 대답이 있다면 그 대답은 새로운 질문을 생성시키거나 그것을 원래의 질문으로 되돌려 보낼 수 있습니다. 글쓰기는 언제나 간접적이고 말로 표현되지 않은 질문의 요구와 연결되어 있습니다. 그 요구는 너무도 강력한 것이어서 그것에 답하기도 전에 이미 책임을 느끼게 됩니다.

이런 사전 진술을 통해서 나는 이미 모든 것을 다 말했다고 생각합니다. 당신의 개별적인 질문들에 답하는 데 내가 왜 유보적인가를 해명하기 위해서 일반적인 사실 하나를 더 언급해 볼까 합니다.
실제로 세계 각국에서 각국의 언어로 책들은 지속적으로 출간되고
있습니다. 어떤 책들은 비평 작품으로, 어떤 책들은 소설 혹은 시라
고 불립니다. 이런 구별은 아마 오랫동안 유지될 것입니다. 어쩌면
새로운 구분이 나타날지도 모르지요. 책의 개념이 소진된 이후로도
오랫동안 책은 여전히 존재할 것입니다. 그렇지만 다음 한 가지 사
실은 반드시 주목할 필요가 있습니다. 말라르메(이 이름을 하나의
참조항으로 삼기로 합시다) 이후, 이러한 구분들은 무력화되었습니
다. 이런 구분들을 넘어서 우리들이 문학이라고 불러 왔던 것, 그러
나 한결 강화된 진지함과 책임감을 가진 문학에 대한 전면적 인식
이 새롭게 빛을 보게 되었기 때문입니다. 달리 말하자면 평론·소
설·시들이 계속 존재하고 생산되는 것은 오직 문학의 작업을 가능
하게 하고, 이 작업에 힘입어 다음과 같은 질문을 내어 놓고, 풀어
놓기 위한 것입니다. "예술이나 문학과 같은 것이 존재한다는 확인
이 현대인에게 던지는 문제는 무엇인가, 그것은 무엇이 걸린 문제
인가?" 이것은 대단히 시급하고 역사적으로 필수적인 질문인데, 해
묵은 심미주의적 전통에 의해서 은폐되어 왔으며 앞으로도 그럴 것
입니다.

　이러한 순간들이 극복되었다고 말하려는 것은 아닙니다. 그런 말
은 의미도 없을 것입니다. 초현실주의의 눈부신 실험은 문학이 우
리들이 만들거나 쓰는 글들을 압도한다는 사실, 우리가 여전히 책
의 문명에 속해 있다는 사실을 잘 보여 주었습니다. 그러나 문학의
작업 그 자체와 추구는 문학이 지키는 원칙과 진실들을 파괴하는

데 기여합니다. 이 작업은 과학의 전체적 움직임과 연관되고, 철학의 전체 역사를 통해 실려 왔기에 드러날 수 있었습니다(물론 최초는 아닙니다). 언어에 대한 질문이 다양한 작품들 안에서 대단히 독창적이고 절대적인 방식으로 제기되었으며, 동시에 이 질문을 통해서 어쩌면 그 질문을 소멸시키는 물음, (행동의 결과) '글쓰기', '글쓰기라는 이 광기 어린 게임'이라는 말 속에 압축되어 있는 물음도 제기되었습니다. 마치 문학의 시대에 이어, 시간의 바깥에서 글쓰기의 시간이 뒤따라야 하는 것처럼 말입니다.

'글 쓰다'라는 것, 글쓰기(언제나 음성 언어나 이데올로기적 사고에 봉사해 왔던 그 문자를 지칭하는 것이 아니라 그와는 반대로 마치 글쓰기만이 간직해 온 질문에 골몰하기 시작한 것처럼, 그 고유의 힘에 의해서 서서히 해방된 글쓰기)의 요구는 점차 다른 모든 가능성들, 관계를 맺고 소통하는 익명적인 방식을 자유롭게 풀어 놓습니다(이로 인해 모든 것이 재검토되는데 제일 먼저 '신'·'자기'·'진리'에 대한 생각, 이어서 '책'과 '작품' 자체가 재검토됩니다). 그것은 수수께끼 같은 엄격함에 입각한 이 글쓰기가 종말의 징표이기도 한 '책'을 그 목표로 하지 않고, 담론과 언어의 바깥에서만 떠올릴 수 있는 글쓰기를 목표로 삼도록 하기 위한 것입니다.

너무 심각한 결론을 용서하십시오. 그러나 반드시 필요한 일입니다. 내가 말하고자 하는 것(그리고 문제 제기하려는 것)을 정리해 보면 이렇습니다. "살펴본 바와 같이 글쓰기는 시대의 변화를 전제하는 것처럼 보이며, 그런 점에서 과장해서 말하자면 역사의 종말을 전제하는 것이며, 따라서 공산주의의 도래를 넘어서는 것이기도 합니다. 공산주의는 여전히 공산주의 너머에 있는 것이기 때문에 공산주의는 최종적인 것으로 인정되며, 그 무엇도 온존시키지 않습니다. 보이지 않게 글쓰기는 우리가 아무리 불행해도 그 속에서 안락하게 자리 잡고 파묻혀 있는 담론을 파괴하고 소멸시키도록 부름받았습니다. 이런 관점에서 글쓰기는 가장 위력적인 힘입니다. 왜냐하면 그것은 필연적으로 '법', 자신의 법을 포함한 모든 법을 위반하기 때문입니다. 글쓰기, 그것은 근본적으로 위험하고 무구하게 위험합니다. 바로 이 사실이 내가 당신과 더불어 주목하고자 하는 바입니다.

모리스 블랑쇼

오늘

1940년부터 1944년까지의 전쟁 기간처럼 **오늘 이 시점에도** 드골 정권의 모든 문화 기구와의 협력을 거부하는 것은 예외 없이 모든 작가들, 모든 저항적 예술가들에게 절대적 결정으로 받아들여져야 한다. 문화는 권력이 언제나 공모자를 발견해 온 영역이다. 문화를 통해서 권력은 모든 자유로운 말들을 회수하고 축소시킨다. 이러한 문화의 공모에 대항하여 투쟁할 것 — 문화 안에는 의미를 통한 지배적 소유 관계가 있음을, 사회적 기능과 별도로 작동하는 억압적 힘의 행사가 내재함을 밝힐 것.

거 리

학생들의 저항 운동에 대한 과격한 진압 작전을 강행함과 동시에 드골 장군의 정권은 온 국민을 길들이기로 결정하였다.

(어떤 법적 근거도 없이) 반대 단체들을 해산시킨 것은 오로지 다음 목적 때문이었다. 가택수색을 무제한 허용하고, 임의 체포를 조장하며(100건이 넘는 체포영장 발부), 각종 국가 테러의 필수도구인 특별법원을 재개하여 결국 모든 집회를 금지하려는 것이다. 달리 말해 "거리에서건, 공공건물(대학·의회)에서건 그 어디에서도 더 이상 아무 일도 일어나지 말아야 한다"는 것이다. 바로 공화국의 대통령이 선언한 바인데 이 문구야말로 그가 누구인지, 무엇을 원하는지를 단적으로 보여 주고 있어서 우리 모두가 기억해야 할 것이다. 요컨대 그는 **정치적 죽음**을 선포한 셈이다.

명백한 징후들이 감지된다. 거리에 넘치는 사복 경찰들. 그들은 단지 잘 알려진 반체제 인사들만 감시하기 위해 거기에 있는 것이 아니다. 그들은 어디에나 있다. 의심이 가는 모든 곳에, 영화관 옆·카페·박물관 할 것 없이 서너 명의 사람들이 모여서 그저 대화를 나누는 순간, 어디에선가 그들은 다가온다. 보이지 않지만 그럼에도 불구하고 확연히 눈에 띄는 감시자들. 모든 시민들이 거리가 더 이상 그들의 것이 아니라 오직 정권의 것임을, 거리를 침묵시키고 질식시키려는 정권만의 것임을 배우라는 것이다.

왜 이토록 다급한 진압 작전을 펼치는가?

5월 이후, 거리가 깨어났기 때문이다. 거리는 말한다. 결정적인 변화가 바로 이것이다. 거리가 다시 생기 있고, 힘이 넘치며, 최고 주권을 가진, 모든 자유가 가능한 공간이 되었다. 전 국민을 위협하며 악질적인 비밀 탄압과 야만적 폭압 장치를 가동시킨 것은 바로 이 거리의 최고주권적 언어를 막기 위한 것이다. 우리 모두가 문제의 핵심이 무엇인지를 깨달아야 한다. 거리에서 시위가 벌어질 때, 그 시위는 단지 거기에 참가하는 많거나 적은 수의 시위대만의 문제가 아니다. 시위는 거리에서 자유로워야 할 우리 모두의 권리, 자유로운 행인이 될 수 있는 권리, 그리고 그곳에서 무엇인가 벌어지도록 할 수 있는 우리 모두의 권리를 표현한다. 그것이야말로 최우선의 권리이다.

1968년 7월 17일

단절을 긍정하기

1. 최후의 목표, 따라서 즉각적인 목표, 명백한 동시에 은폐된 목표, 직접-간접의 목표는 단절을 긍정하는 것이다. 긍정한다는 것은 단절을 언제나 더욱 현실적으로, 더욱 급진적으로 만들면서 조직하는 것이다.

어떤 단절인가? 권력과의 단절 따라서 권력 개념과의 단절, 고로 힘이 주도하는 모든 공간에서의 단절. 이 말은 분명 대학에 대해서도 적용되며, 지식이라는 관념, 교육하고 지배하는 언어와의 관계 어쩌면 모든 언어 등에 있어서도 적용될 수 있을 것이다. 하지만 권력에 대한 우리의 저항 개념 자체에 적용하는 것이 무엇보다 절실하다. 이 저항이 권력집단으로 전환될 때면 더욱 그렇다.

2. 급진적으로 단절을 표명하기. 이 말은 결국 (이것이 가장 중요한 의미인데) 언제 어디에서나 우리는 현 상태의 모든 것과 전쟁 중에 있다는 것이다. 우리가 인정할 수 없는 법의 치하에서 그 가치나 진리·이상·특권들이 우리와는 무관한 사회에서 살고 있으므로, 결국 모든 영역에서 우리는 적대적 관계에 처하게 되는 것이다. 그 적

은 외견상 우호적인 만큼 더욱 위험하며 어떤 형태로도, 설사 전략적 이유에서라도, 우리가 결코 타협하지 말아야 할 상대이다.

3. 단절을 수행하기. 그것은 단절을 지향하는 힘들이 기존 사회에 통합되지 않도록 해방시키거나 혹은 그렇게 하려는 노력만을 의미하지 않는다. 그것은 실제로 매번 거부가 행해질 때마다 거부의 유효성을 유지하면서도, 그 거부가 단순히 부정적인 순간에 머물지 않도록 하는 것이다. 바로 이것이 정치적으로나 철학적으로 이번 운동의 가장 강력한 특징들 중의 하나이다. 이런 의미에서 운동은 현재 수행 중이며, 우리 역시 추진해 가야 할 급진적 거부는 단순한 부정성을 월등히 능가한다. 그것이 아직 제시되고 긍정되지 않은 것까지 부정하는, 부정 그 자체이기 때문이다. 이 거부의 예외적 특징을 규명하는 것이야말로 새로운 정치적 사유가 맡아야 할 이론적 과제이다. 이론 작업은 물론 정책적인 청사진이나 정당 강령을 구상하는 것이 아니다. 오히려 모든 정책기획, 나아가 어떤 기획과도 무관하게 '긍정하는 거부'를 유지하는 것, 순응하는 긍정이 아니라 도리어 동요시키며 스스로도 동요하는 긍정, 혼돈이나 혼란 혹은 구조화할 수 없는 것과 관계하는 긍정을 끌어내고 유지하는 것이다. 권력도 아니고 부정의 힘도 아니며, 이미 제시되거나 투영된 긍정을 전제하는 상대적 부정도 아닌 이 거부의 결정, 이것이 바로 '혁명적' 과정에 자발성을 도입할 때 우리가 마주하는 것이다. 물론 이 '자발성'의 개념이 여러 면에서 미심쩍기도 하며 상당수의 수상한 생각들, 예를 들어 일종의 생기론이나 자연적 자율-창조력 따위를 유통시킨다는 점은 경계해야 할 것이다.

이데올로기적 항복

권력은 국가에 속한다. 권력은 모든 지배 수단의 독점을 유지하기 위하여 권리와 합법성으로 자신을 무장한다. 폭력은 개인이나 민중의 것 혹은 계급적인 것이다. 폭력이 이데올로기적으로 단절을 지향할 때, 특권적 질서나 불평등한 권력을 뒤흔들면서 그것은 혁명적이 된다. 체코슬로바키아의 역사에는 세 차례 권력의 과시가 있었다. ① 위협, '친구'의 영토에서 작전을 펼치는 소비에트 군대. ② 공격 선포, 군사 침략, 무력 점령. ③ 가혹한 모스크바 협상,* 예속의 수용, 즉 용납할 수 없는 것의 수락. 마침내 이데올로기적 항복(체코 지도자들의 자아비판, 사실 다른 선언들의 솔직함 덕택에 약화되기는 하였지만), 이러한 항복이 일말의 신빙성도 없는 것이라 하더라도 이런 행위는 언어를 무력 전쟁의 전리품으로 전락시킴으로써 언어의 가능성을 파괴하는 데 일조한다.

---

* 1968년 8월 23일 모스크바에 강제 호송된 둡체크(A. Dubček)가 사흘 동안의 저항 끝에 8월 26일에 서명한 일종의 항복 문서.—옮긴이

물론 이것이 가장 끔찍한 것이다. 혁명적 언어를 위축시키지 못하는 한, 그 모험적인 자유를 예속적 도덕에 굴복시켜 훼손하지 못하는 한, 소비에트 국가는 아무리 힘이 있어도 무력할 뿐이다. 자유로운 혁명의 말, 그 나머지는 아무것도 아니다. 그저 세습되는 납골묘에 지나지 않는다.

정치적 죽음

우리가 마치 무심한 듯이 아무개 아무개에 대해서 "그는 정치적 사망 상태다"라고 말하게 될 때, 이 판결은 단지 그 당사자에게만 해당되는 것이 아니다. 그 말은 거의 우리 모두에게 해당된다. 이 사실을 인정해야 할 뿐 아니라 적극 주장하며 받아들여야 한다. '무덤 속의 빛' 처럼, 정치적 죽음이 우리들 안에서 지켜보고 있다. 우리가 한눈팔지 않도록, 소소한 나날의 되새김, 손쉬운 비난의 말들과 같은 온갖 연명의 가능성에 빠지지 않도록 주시하고 있다. 정치적 죽음이란 받아들일 수 없는 것을 받아들이게 하는 것이에 그것은 개인적 현상일 수 없다. 원하든 원하지 않든 우리들도 거기에 연루된다. 프랑스 사회에서는 고위층으로 갈수록 죽음도 거창해져서 정상에 이르면 허황된 과대망상, 화석화된 인류의 존재라는 양상까지 보이게 된다. 지금 이 나라에 정치적으로 사망한 한 사람이 있다면 그것은 공화국 대통령 직함을 짊어지고 있는——그가 짊어지고 있긴 한가?——그 사람이다. 공화국? 그는 살아 있는 모든 미래와 무관하듯이 공화국과도 무관하다. 그는 케케묵은 역사에서 빌려 온 역할을 하는 배우다. 그의 언어는 배역의 언어, 흉내 낸 말인데 가끔은 너무도 시대착오적이어서 이미 오래전에 죽은 자의 목소리 같다. 당연히 그 자신은 그 사실을 모른다. 그는 과거를 패러디하면서도 위대한 현재를 건설한다고 믿는 자신의 역할을 신봉한다. 자신이 죽은 것을 깨닫지 못하는 이 죽은 자는 그 큰 죽음의 체구, 권위의 외양을 한 그 죽은 집착, 가끔은 죽은 자의 해체 징후인 그 고통스러운 고고한 범속함으로 인해 인상적이다. 기이하게 고집스러운 존재를 보며──그에게서 우리는 옛 세상이 질기게 살아남는 것을 보며 바로 이 사실을 명심해야 하는데──우리 자신들도 거창하고도 우스꽝스레 죽어 가는 것을 느낀다.

왜냐하면 그 자신은 아무것도 아니다. 그는 우리들 모두의 정치적 죽음의 대표일 뿐이다. 그 역시 하나의 희생자, 하나의 가면이며 그 가면 뒤에는 텅 빈 허무밖에 없기 때문이다.

가장 시급한 일은 따라서 상급 알리바이를 없애는 것이며 이어서 모든 차원의 알리바이, 알리바이의 알리바이까지 일소하는 것이다. 우리가 절도 있게 정규적 반대세력에 가담하고 있다고 해서 정치적으로 살아 있다고 믿지 말자. 반론 제기는 기본이고 비판이나 부정까지도 어떤 소속의 징표가 되는 고도로 발전된 문화에 가담하고 있다고 해서 우리가 지적으로 살아 있다고 믿지 말자. 일전에 파리의 한 장관이──거만한 태도로 우매함을 과시하며──세계의 운명은 볼리비아에서 결정되지는 않으리라고 천명한 바 있다. 세계의 운명은 프랑스에서나 마찬가지로 그곳에서도 결정된다. 프랑스? 안정이 유일한 통치 원칙이며, 기대되는 유일한 변화는 유령 같은 노인네의 죽음뿐인 곳 아닌가. 그 노인네는 언제나 자신이 이미 판테온(Panthéon)에 안치된 것이 아닌지, 아무것도 잊지 않는 그의 기억이 단지 자기 종말이라는 감지할 수 없는 사건 ── 어찌 유령의 종말을 감지할 수 있겠는가? ── 만은 잊어버린 것이 아닌지를 자문하고 있는 듯 보인다.

그가 명을 이어 간다면 그의 연명을 목도하면서, 그와 함께 나누는 우리들의 살아 있는-죽음 상태를 자각하도록 만들자. 그렇지만 우리의 '파괴-죽음'을 고발하는 추가적 권리도 잊지 말자. 그것마저 이미 파괴된 언어를 사용해야 할지라도 말이다. 그곳으로부터 오늘 그리고 내일, 여기저기에서 다른 이들이 아마 새롭고 강력한 파괴의 힘을 끌어내리라.

내일, 5월의 운동이 바로 내일이었다. 파괴하고-건설하는 무한한 능력.

두 가지 특이한 혁신

7월 중 일어난 프랑스 공산당의 어휘, 즉 이데올로기 분야의 두 가지 특이한 혁신 :

1. 최초로 당서기장이 (중앙집행위 보고서에서) '전복적'이라는 단어와 '봉기'라는 단어를 격렬한 비난의 의미로 사용한다. 이것은 지금까지는 대·소부르주아들만이 독점해 오던 용법이다.

2. 당 중앙집행위의 주요 인사인 프랑수아 비유는 그가 '반-권위주의 프로파간다'라고 지칭하는 것을 반동적이라고 비난한다. 왜? 이 프로파간다가 공산당, 즉 권위주의에 의해서만 작동하는 그 '기구'와 '조직'에 해를 끼친다는 것이다.

따라서 무엇보다도 다음과 같은 결론이 도출된다. 이제부터는 드골 장군의 정권을 더 이상 권위주의(권위라는 병)라고 비난하지 않도록 해야 할 것이다.

시간의 단절—혁명

단절을 지향하는 힘들의 운동에 의해서 혁명이 가능한 것으로, 추상적인 가능성이 아니라 역사적·구체적으로 한정된 가능성으로서 현시되는 순간, 사실 이 순간에 혁명은 이미 일어난 것이다. 혁명의 유일한 현전 방식은 그것의 실질적인 가능성이다. 그때 중단과 중지가 따른다. 이 중단 안에서 사회는 여기저기에서 와해된다. 법은 무너진다. 위반은 완수된다. 한순간의 순수함. 중단된 역사.

발터 벤야민. "행동의 순간, 혁명을 주도하는 계급들에게는 역사의 계속성을 중단시키고 싶은 의식적인 욕망이 있다. 7월 혁명*에 의해 확인된 것은 바로 그런 의식이다. 투쟁 첫날 저녁, 어떠한 사전 모의도 없었지만, 여러 곳에서 동시에 파리 종탑 시계들을 향해 사람들이 총을 쏘았다."**

---

* 1830년 프랑스의 7월 혁명. 7월 27∼29일 3일 동안 파리에서 일어난 노동자, 중·소부르주아의 봉기로 7월 왕정을 탄생시켰다.—옮긴이
** 벤야민의 「역사의 개념에 대하여」를 인용한 것이다.—옮긴이

카스트로를 위해서

감정은 접어 두기로 하자. 우리들이 원하든 그렇지 않든 우리들의 습관과 예속의 공간으로 남아 있는 도덕적 공간도 떠나서 생각하도록 노력하자. 그리고 소련의 체코 무력침공에 대해 어떤 결론을 내려야 할지 함께 모색해 보기로 하자.

1. 정치적으로 용납 불가능한 만큼, 이데올로기적으로도 부적절한 이 무의미한 힘의 과시에는 그 어떤 공산주의적 요구도, 혁명적 대의도 연관되어 있지 않다. 카스트로가 소련의 침공을 지지한다는 것은 그가 쿠바 공산당의 이름으로 말한다고 하면서도 쿠바의 혁명에 역행해서 말할 수 있다는 사실, 즉 국제주의에 대한 그릇된 이해로 인해 오류를 저지를 수 있다는 사실을 보여 줄 뿐이다.

2. 침범당한 국경·부인당한 주권·와해된 국가기관, 이런 것들이 국제공산주의 운동에 위배되는 것은 아니다. 현재 세계의 공산주의 진행 과정이 보여 주는 것처럼 국제적 요구가 억압적일 수 있으며, 호전적 국가주의의 가장 강력한 상징인 각국 군대가 혁명의 필수요소일 수 있다는 대단히 부적절한 주장이야말로 국제 운동을 저해하

는 것이다. 오로지 말—결코 주어진 말이 아니라 찾아내야만 하는 말—을 통해서만 국제주의적 대의를 수행할 수 있으나, 그것을 가능하게 해주는 구조가 전제되어야 한다. 국제주의적 실천은 간혹 격렬해지기도 하는 방식으로 공동의 공간을 모색하는 언어의 실천이다. 이 공동의 공간은 생산관계와 괴리 상태에서 생산력이 한 공간을 대결하는 사회적 힘들의 각축장으로 부각시키거나, 그 공간을 정치 혹은 이데올로기의 과제로 제안함으로써 구획되는 것이다.

3. ('믿을 만한 분석'이 아니라 지극히 평범한 저널리즘 식의 추론에 속하는 가정이지만) 카스트로의 주장처럼 체코가 '자본주의의 손안에' 떨어질 위험이 있었다고 인정하자. 체코를 그리로 몰아넣거나 적어도 공산주의의 진전을 무한정 지체시키는 최고의 방법은 사회주의를 군사적 탄압과 동일시하는 것, 그리고 당연한 논리 작용으로 비-사회주의는 어떤 독립의 형태와 동일시하는 것이다.

4. 소비에트 연방의 국가 정책은 강대국 전략(위성국가형 집단 방어, 다른 강대국들에 대한 군사적 억지력)과 이데올로기적 야심의 무원칙한 합작품이다. 그 결과는 소비에트 연방이 감히 '프롤레타리아적'이라고 부르는 국제주의를 그에 어긋나는 목적들을 위해, 그것을 무너뜨리는 데 기여할 뿐인 수단들을 사용한다는 것이다.

5. '스탈린주의'라는 개념, 그 개념이 떠받치는 체계, 그것이 수반하는 도덕적 판단(초강력 권력을 소유한 한 개인의 패악)으로 모든 '혁명적 이상의 훼손'을 간단하게 설명해 버리고, 사태 규명을 위한 우리의 노력을 매번 면제받아서는 안 된다. 혁명은 한 번 일어났다

고 해서 영원히 지속되는 것이 아님은 명백하다. 혁명이 일어나면 그것을 유지하기 위한 투쟁이 앞을 향한 모든 전진을 방해하면서 혁명을 혁명으로부터 멀어지게 만들 위험이 있다.

6. 혁명은 공포다. 그렇지만 혁명의 공포가 모든 법을 혼란시키고 위반하도록 부름받음으로 인해 필연적으로 갖게 되는 과도하고 불가능한 측면과 무력침공은 그 어떤 점에서도 유사하지 않다. 나폴레옹의 군대는 정부들을 굴복시키면서 민중들을 해방하였다. 그러고는 왕관을 쓴 보편적 자유, 철학자의 창문 아래로 말을 타고 오가는 '세계의 영혼'*이라는 이름으로 민중들을 굴복시켰다. 자코뱅의 급진 혁명 이데올로기와는 이미 아주 거리가 멀어진 것이다. 수많은 (소련·폴란드·헝가리·불가리아·동독의)** 공산주의자들, 특히 그들이 점령군의 일원이었다면 그들에게 강요된 억압자의 역할로 인해 혁명의 가능성으로부터 끔찍하게 차단당했다고 느꼈을 것이다. 그들은 체코인들이나 또한 우리들과 마찬가지로 혁명의 가능성에 자신들의 삶과 죽음의 권리를 바쳤을 텐데 말이다.

7. 체코인들의 저항은 국가적 저항이 아니라 혁명적 저항으로 이해되어야 한다. 이 의미가 보존되도록 모든 노력을 기울여야 한다. 특히 이곳 프랑스에서는 더욱 그렇다. 우리가 드골과 자본가들의 탄압에 대항할 때, 그들에게 놀라운 전복적 효과를 상기시켜 준 투

---

* 1806년 10월 나폴레옹의 독일 원정, 특히 예나 전투의 일화. 당시 예나 대학교에 재직하던 헤겔이 자신의 집 창문 아래로 나폴레옹이 지나가는 것을 보았다고 한다. 헤겔은 한때 나폴레옹을 '세계의 영혼'이라 칭송했다.—옮긴이
** 1968년 8월 21일, 프라하에 투입된 진압군 병력을 구성한 5개국.—옮긴이

쟁 방식들을 사용할 수 있을 것이기 때문이다.

8. 1968년 1월부터 진행된 체코의 자유화 과정에 위험 요소가 존재하는 것은 부인할 수 없는 사실이다. 성급히 확정되어 경찰력으로 유지되어 온 강압적 질서, 사회주의라고 명명되었지만 결코 사회주의가 아니었던 그 질서를 해방된 말들이 재검토하기 시작한다면 어떤 일이 일어날 것인가? 과거의 부르주아 사회로 역행할 안이한 자유주의, 아니면 혁명적 폭발로 진행할 국가 해체의 상황을 맞게 될 것이다. 이런 위험들을 소비에트 연방이 원할 리가 없다. 이데올로기적으로 취약하기 때문이다. 군사력에 의존하는 것도 그 때문이다. 카스트로는 이 사실을 안다. 그는 쿠바가 러시아 인접 지역에 위치했더라면 쿠바도 이미 오래전에 카스트로에게서 '해방' 되었을 것이라는 사실 역시 잘 알고 있다. 그런데도 왜 프라하 침공을 찬성하는 것일까? 괴이한 착란 증세 때문에 게릴라와 '게르' [guerre ; 프랑스어로 '전쟁' —옮긴이]를, 군사 개입과 혁명적 폭력을 혼동하고 있는 것 아닐까? 카스트로 동무, 자신의 무덤을 파지 마시오. 만일 권력에 따른 자연적 피로감 때문에 무덤을 파고 들어가 눕고 싶은 유혹을 느낀다면 우리가 아바나의 벽 위에 써 주리다. 프라하의 벽들 위에 그토록 멋지게 쓰인 그 말.

"레닌이여, 잠 깨어 일어나라!"

공개적 지하 활동

「2000자 선언」*에 대하여 우리들 사이에 비판적인 의견도 있었지만 그 선언문 중에는 이런 문장이 있다. "그래도 우리는 말한다." 가능한 말의 움직임, 이것만으로도 프라하의 5월과 파리의 5월 사이에 격렬하면서도 준엄한 연관성이 충분히 성립되고도 남을 것이다. 파리에서처럼 프라하에서도 무한하고 통제 불가능한, 그런 말들이 지하 라디오방송의 전파를 타고 흘러나왔고 벽 위에, 나무 위에, 상점의 유리 진열장 위에, 거리의 먼지 위에, 소련군의 탱크 위에 쓰였으며 현재는 그 말들을 투과시키는 침묵을 통해서 전해진다. 언어가 금지의 대상인 소비에트 공화국에서나, 언어의 독점을 고집하는 드골주의 국가에서 그 말들이 용인될 수 없었던 것은 정한 이치였다. 단순한 언론자유를 논하는 것이 아니다. 문제는 전혀 다른 차

---

* 체코의 기자이자 작가인 루드비크 바출리크(Ludvik Vaculik)가 작성한 선언문(1968년 6월). 둡체크 개혁의 급진화를 주장한 내용으로 '프라하의 봄'을 상징하는 글로 남았다. 바출리크는 1970년대~1980년대에는 지하 출판 활동을 했고, 이후에는 라디오방송인·소설가로 활약한 체코의 대표적 현대 작가이다.─옮긴이

원의 것이다. 도를 넘는, 억누를 수 없는, 끊이지 않는 움직임. 언제나 저 너머에서 말하는, 뛰어넘고 흘러넘치는, 그리하여 테두리치고 제한하는 모든 것을 위협하는 거침없는 말의 도약, 요컨대 위반의 말 그 자체. 이것은 자유주의적 우매와 위선이 자유로운 권력의 극치로서 제안하는 그 '대화' 절차와는 한 점의 유사성도 없는 것이다. 양자 구도에서의 대화는 상호 절충을 통한 타협에 도달하기 위해 복수적인 언어를 무차별 동질화하려는 시도이다. 복수적 언어는 차이를 발판 삼아 시작되는 것이며 단절에 이르도록 멈추지 않고, 언제나 끊임없이 다른 채로 남아 있어야 하는 말이다.

체코의 저항인사들에 따르면, 적의 군사력만이 유일한 법이었던 며칠 동안 말과 글을 통해서 그들은 그 어느 때보다도 자유로웠다고 한다. 대면한 적 앞에서의 이 자유, 공개적 지하 활동, 그것이 이제부터 그들의 것만이 아니라 우리들의 것이 되기를.

거대한 억압이 촉발한*

떠오르는 힘들, 젊은 노동자와 학생들의 힘이 의식적·무의식적으로 겪은 거대한 억압이 놀라우리만치 급작스럽게 이 항거의 순간을 촉발했다는 사실, 그것은 우리가 정확히 예측할 수는 있는 일은 아니었지만 어느 정도 예상은 할 수 있는 일이었다. 그것은 역동성과 비범한 정치적 창의력을 내포한 움직임, 자유의 움직임인 동시에 거부의 움직임이다. 그 운동의 특징을 지칭할 시간, 즉 그로부터 현전의 힘을 제거해 내며 그것을 제한할 순간은 아직 오지 않았다. 그러나 잊지 말아야 할 것, 특히 동구권의 친구들에게 말해 두어야 할 것은 그것이 부르주아 사회에 대한 전반적인 비판의 움직임을 형성하고 있지만, 무엇보다도 먼저 그것이 극명하게 표출했던 것, 지금도 그렇고 앞으로도 모든 방법을 동원해 지속할 일은 드골 정권과의 단절, 더 나아가 그 사회와의 단절이다. 그런 이유에서 그 운동

---

* 앞의 글 「유고슬라비아 라디오TV 관계자에게 보내는 편지」의 일부분과 거의 정확히 합치한다.—옮긴이

의 주요 특징들 중의 하나는 반국가주의적인 것이며, 국제주의적 실천을 복원하는 것이다. 또한 그 운동은 불행하게도 지난 수십 년 동안 전통적 공산주의 정당들이 외면해 왔던 국제적 의무의 본질적 중요성을 확인하고 재확인한다. 이 운동은 급진적 단절의 움직임이다. 분명 과격한 것이지만 훌륭하게 제어된 과격함이며, 그 목적은 공산주의적인 것으로 부단한 비판을 통해서 권력, 예외 없이 모든 형태의 권력을 문제 삼는다. 따라서 그것은 본질적으로 거부의 움직임으로 보이며, 모든 긍정과 설익은 강령을 경계한다. 필연적으로 소외되거나 왜곡될 수밖에 없는 담론이 표명할 수 있는 모든 긍정에는 기존의 체계(산업자본주의 사회의 체계) —— '전위적' 인 것이라 하더라도 문화까지 망라하여 모든 것을 통합하는——에 의해 흡수당할 위험이 도사리고 있음을 예감하기 때문이다.

운동에 대하여*

생각, 욕망, **상상을 통한 혁명**, 5월. 그것이 순전히 생각 속, 상상 속의 사건이 되고 말 위험에 처해 있다. 이 혁명이 자기 자신을 버리고 새로운 조직과 새로운 전략을 생성시키지 않는다면 그렇게 될 것이다.

다시 말해 '운동'은(이 말이 단지 요란한 부동성을 은폐하고 있는 것이 아니라 아직 의미가 있다면) 대학가의 항의 속으로 몸을 피해 들어갈 것이 아니라, 사회적 투쟁에 주력하며 자신을 드러낼 길을 찾아야 할 것이다. 사회적 투쟁은 모든 범주의 피억압자들의 관심을 일깨우고 민중적 에너지를 총동원하는 언제나 집단적인 투쟁이었다. 이제 이 투쟁은 현대 사회가 지속적으로 감춰 왔으나 이제는 일상적인 공공의 현실로 드러난 갈등들이 단절에 이를 때까지 분절될 수 있도록 총력을 집중해야 할 것이다. **고립적인 소규모 행동들은**

---

* 『위원회』 필진 해체 이후 발표된 총결산 성격의 글. 『레 레트르 누벨』(1969년 6~7월호)에 「1년 후, 학생-작가 행동위원회」라는 제목 아래 다른 4편의 글(1편은 뒤라스, 나머지 3편은 마스콜로의 글)과 함께 실렸다.

배제되어야 한다. 단지 스펙터클을 지향할 뿐, 투쟁 중인 계급들 전체가 이어받아 실행할 수 없는 모든 발의들 역시 배제되어야 하는 고난도의 투쟁. 어떤 면에서, 그리고 재현의 차원에서는 그 성공적 활로가 이미 열린 반면 정치적·제도적으로는 미처 구체화되지 못했기에, 일반적인 정치적 가능성들을 현격히 뛰어넘는 것이 문제인 까닭에 더욱더 어려운 전투.

따라서 가장 경계해야 할 일은 운동이 학생 운동으로 전문화한 것처럼 보이면서, 대학과 고등학교 내로 국한되는 것이다. 무엇이 5월의 힘이었던가? 학생 운동이라고 말했지만 결코 학생들은 학생으로서 행동했던 것이 아니라 총체적 위기의 가늠자로서, 체제와 국가·사회를 문제 삼는 단절의 힘의 소지자로서 행동했다는 것이다. 대학은 단지 시발점이었을 뿐이니, 그곳에서 안이하게 타협적으로 그리고 습관적으로 은신처를 찾지는 말자. 더욱 중대한 다른 전투를 위해서 준비하고 조직하자. 그리고 아마도 그 전투는 훨씬 격렬할 것이며 공동의 실천을 위해서 인내와 훈련, 그리고 밤낮 없는 작업이 필요할 것임을 명심하자.

운동에 대한 비판

5월 '운동'이라고 부르는 것에 대해 근본적이고 비판적인 질문을 도입하는 것이 필수적이라고 나는 생각한다. 그것은 반드시 필요하고 또한 가능한 일이다. 정당 조직이라면 이런 문제 제기를 감당할 수 없을 것이다. 특히 이론과 실천 투쟁으로 세상을 바꾸겠다는 목표를 가진 정당이라면 더욱 그러할 것이다. 다른 정당들보다 공산당으로서는 더욱 힘들 터인데, 이유는 공산당이 자신들이야말로 모든 것을 요구하고 모든 것을 이해하는 새로운 법칙의 진지함이며 강직함 그 자체라고 믿기 때문이다.

1. 운동의 약점, 그것은 동시에 그 강점이기도 했으니, 다름 아니라 기적처럼 성공했다는 바로 그것이다. 찬란한 성공을 가능하게 해주었던 여건 안에서, 그러나 미래의 정치 수단 없이, 제도적 권력 없이 성공을 거뒀다. 호의적인 분석가들까지 포함하여 대다수의 관측자들이 그 운동이 중요했다고, 그렇지만 실패했다고 말한다. 그건 틀린 말이다. 그것은 중요했으며 완벽하게 실현되었다. 혁명이라고들 말한다. 대단히 모호한 단어지만 혁명을 언급한다면 그것을 받아들이고 이렇게 말해야 한다. "사실이다. 혁명이 있었고, 혁명이 일어났다." '5월'의 운동은 **혁명**이었다. 전격적이고 눈부시게 완수되었으며, 완수되면서 모든 것을 변화시켰다.

2. 둘도 없었던 혁명, 다른 어떤 사례와도 비견할 수 없는 혁명. 정치적이기보다는 철학적인, 제도적이기보다는 사회적인, 실제적이기보다는 시범적인, 추호도 파괴적이지 않으면서 모든 것을 파괴하는, 과거보다는 오히려 현재, 자신이 실현되던 그 현재를 파괴하며, 자신의 미래를 확보하려 하지 않고, 미래의 기약에 대해서는 극단적으로 무심하게, 마치 그것이 열려고 했던 시간은 이미 이러한 관습적 구분들 너머에 있었다는 듯. 혁명은 그렇게 닥쳤다. 급진적인 혹은 절대적인 **불연속**의 결정이 내려졌으며 그것은 역사의 두 시기를 가른 것이 아니라, 역사와 더 이상 역사에 직접 속하지 않는 가능성 사이를 갈라놓았다.

3. 덧붙여 말해야 할 것은, 5월의 실패로 열거되는 모든 특징들은 반대로 그 완수의 징표라는 점이다. **이념의 관점에서** 그 사실은 쉽게 증명될 것이다. 그렇지만 **정치적으로도** 그렇다. 체제는 무너졌다. 드골은 사라졌다. 만일 그가 독일 여행*에서 결코 돌아오지 않고 그곳 프레데릭 바르브루스** 동굴 안 어딘가에 묻혔더라면 적어도 그 자신과 그가 유지하겠노라고 공언하고 주장했던 질서를 위해서는 차라리 더 나았을 정도로 다 무너뜨리고 떠났다. 문자 그대로 환상적인 드골파의 선거 승리***는 그저 유지된 환상과 체면 뒤에서 모든 체계의 붕괴를 확인해 주었을 뿐이다. 단순한 사실 하나. 이러한 선거 승리가 '질서파'****에게 보장해 준 것처럼 보인 것은 정치적 안정감이었다. 그것이 총체적 와해를 잊게 만들었지만 기술적으로는 설명되지 않는 재정적 붕괴를 재촉했다. 우리는 허상에

---

* 5월 29일, 시위와 점거, 총파업으로 드골 정권이 위기의 절정에 처한 시점에서 드골은 국무회의를 연기하고 독일 바덴바덴으로 가서 마쉬 장군(J. Massu ; 독일에 주둔하던 프랑스군 총사령관)을 만났다. 그날 오전 11시 15분, 파리 엘리제궁을 떠나 저녁 18시 30분, 그의 고향 마을에 비행기가 도착할 때까지 드골의 행방은 베일 속에 가려져 있었다. 그 사이 대통령직의 공백 상태에서 다수 국민들에게 신망이 두터웠던 피에르 망데스-프랑스가 '과도정부'를 구성할 준비가 되었음을 선언하고 이에 노조(CFDT)가 지지를 표명했다. 그러나 돌아온 드골은 "물러나지 않고 국민이 맡긴 직책을 완수할 것"임을 선언하며, 다음 날 국회를 해산하고 사태 수습에 나선다. ─옮긴이
** 프레데릭 바르브루스(1122~1190)는 중세 독일의 황제인데, 십자군전쟁에서 익사하였지만 동굴에서 하룻밤을 지내고 다시 살아나 독일을 구원하러 나섰다는 전설의 주인공이기도 하다. 이 역시 잠적 하루 만에 독일에서 돌아온 드골의 처신에 대한 비유적 표현이다. ─옮긴이
*** 6월 23일 1차 투표, 6월 30일 결선투표를 치른 국회의원 선거는 드골 지지파의 압승(1차 득표율 43.6%, 절대 다수 의석 점유 293/486석)으로 끝난다. 그러나 이듬해 4월 지방분권과 상원개혁에 대한 국민투표가 부결(반대 52.4%)되자 드골은 자신에 대한 불신임으로 간주하고 사임한다. ─옮긴이

지나지 않는 삶을 살고 있다. 모든 것이 그런 것처럼 보일 뿐이다. 다른 사례 하나. 그 가련한 포르 씨의 개혁.***** 무엇의, 무엇을 위한 개혁인가? 사실을 말해 보자. 알 만한 교수들은 다 알고 있는 사실이다. 더 이상 대학은 없다. 있는 것이라고는 간신히 감춰진 거대하고 거룩한 구멍, 의례의 게임, 가끔은 야만적인 힘들이 휩쓸고 지나가는 게임, 가끔은 그 야만성마저도 의례와 스펙터클이 되어 버린 현실. 총장들·학장들·교수들·학생들·반체제주의자들·반ㅡ반체제주의자들, 모두가 이 허무, 멈춰진 시간의 규칙들이 지배하는 허무를 가리기 위해 동분서주하는 것이다.

4. '5월'이 그 과업을 완수하며, 분명 일어났다는 사실, 이것이야말로 우리가 캐물어 보아야 할 점이지만 동시에 운동 자체에 대해 가장 큰 어려움을 야기하는 것이기도 하다. 단순히 어려움이 아니라 더 나아가 위험(어쩌면 약속)이 가득한 일종의 일상적인 불가능성을 만들어 낸다. 이 위험들에 대해 몇 가지만 언급하기로 하자. 이 분석을 보완하거나 반박하는 일은 다른 이들의 몫일 것이다.

a) 5월을 **반복**하려는 유혹. 마치 5월이 오지 않았던 것처럼 혹은 **그것이 실패였다는 듯이** 그리하여 언젠가는 그것이 성공해야 한다는

**** 1848년과 1968년의 프랑스 정치판도가 닮은꼴이라는 사실을 암시하기 위한 비유적 표현. '질서파'(Parti de l'Ordre)는 1848년 2월혁명으로 탄생한 제2공화국의 다수당으로서 반동적 법안을 주도하였다. 질서파의 지지로 대통령에 선출된 루이 나폴레옹은 단임을 규정한 헌법으로 인해 연임이 불가능하자 1851년 12월 쿠데타를 일으켜 황제가 되어 프랑스 제2제정시대(1852~1870)를 열었다. ―옮긴이
***** 에드가 포르(Edgar Foure, 1908~1988); 1968년 11월에 교육부 장관직을 맡아 대학 자율 확대, 학생대표의 대학 운영위 참여, 학제간 교육과 연구활동을 지원하는 대학 개혁안을 통과시켰다.―옮긴이

듯이. 그래서 빈약하고 곤혹스럽게 2~4월에 의미 있었고, 효과 있었던 바로 그 선동 방식들이 다시 시도되고 있다. 달라진 점이라고는 추가된 몸짓 몇 가지, 그리고 이젠 더 이상 존재하지 않는다는 것을 깨닫지 못하는 정권, 그래도 자신의 무능은 알아차리는, 그 정권의 실수가 무한 제공해 주는 자원들이 있을 뿐이다.

b) 5월을 **계속**하려는 유혹. 이 혁명의 모든 독창력은, 다른 어떤 것의 선례도, 토대도, 심지어 자기가 이룬 성공의 토대마저도 되지 않는다는 데 있음을 미처 깨닫지 못하는 까닭이다. 내리치는 벼락처럼 모든 것, 하늘과 땅을 가른 흔적만을 남긴 채 그 스스로 불가능한 어떤 것이 되어 버린 5월. **더 이상 그 무엇도 이전 같지 않을 것이다.** 생각하고, 행동하고, 조직하고, 해체하는 이 모든 일이 다른 방식으로 제기된다. 문제만이 새로운 것이 아니라 문제 제기의 방식 자체가 변화하였다. 특히 혁명 투쟁과 관련된 모든 문제들, 우선 계급투쟁의 문제가 다른 양상을 띠게 되었다.

c) 최악의 (그렇다고 가장 위험한 것은 아니고, 단지 가장 피곤한) 것은 전통의 파괴에서 출발하여, 다시 떠받들고 신성화하려는 새로운 전통이 형성되는 중이라는 사실이다. 여기에 대해서도 단지 몇 가지 지적에 그치기로 하자. 몇 마디 핵심어들, 예컨대 자발성·자율-경영·이중 권력·상징적 행동·자유 총회·행동위원회 같은 말들만 늘어놓으면 '운동'이 스스로 믿음을 얻고, 그 시작의 진실에 어긋나지 않게 지속될 수 있을 것처럼 여긴다. 마찬가지로 거의 '혁명적'(이 말의 남용도 문제지만)이라는 어휘와 동일시되는 '학생'이라는 말이 가지는 권위(경솔하게 인정되었다고 말할 수밖에 없는)도

문제다. 대학 내에서만 일어나면 세계 어느 곳의 어떤 종류의 소동이든, 한심한 논문 관련 소란이든, 학년말의 단체 행진이든 몇몇 저항세력들이나 치안 당국자들 눈에는 대단한 전복의 기도처럼 비치는 모양이다. 물론 매번 반복의 함정에 걸려드는 것은 '5월'이 남긴 공포의 기억에 사로잡힌, 허약하면서 초-권위주의적인 권력층이다. 그들은 반대자들과 함께 함정 속에 갇혀 들어가 함께 쳇바퀴를 돈다. 새로워지는 것 없이 모든 것이 반복되면서, 반복이 갖는 죽음의 힘을 누출하게 만들고 그 죽음의 힘은 마침내 보이지 않게 전체의 붕괴를 야기한다.

5. 이러한 것들은 단지 성찰의 계획일 뿐이다. 일부의 결론에 따르면 5월 혁명이 전반적인 것이었고 모든 것을 변화시켰기 때문에 실제로는 아무것도 바꾸지 않았다는 것이다. 나는 동의하지 않지만 이 결론이 요구하는 한 가지 중요한 사실만은 되새겨 보려 한다. 우리가 역사의 끝에 도달했다는 사실, 그러므로 혁명의 전통적 개념들을 필두로 물려받은 대부분의 개념들이 재검토되어야 하고, 있는 그대로는 거부되어야 한다는 사실, 그것을 명심, 또 명심할 것. 5월이 표상했던 (그리고 생성시켰던) 불연속성은 언어와 이데올로기적 행동도 크게 변화시켰다. 마르크스, 레닌, 바쿠닌이 다가왔었고 또한 멀어져 갔다. 우리의 앞과 뒤로는 절대적 공백이 있다. 우리는 어떤 도움도 없이, 이 공백의 급진성만을 유일한 지지대 삼아 사고하고 행동해야 한다. 강조하건대, 모든 것이 변했다. 국제주의마저도 다른 것이 되었다. 현혹되지 말자. 우리 자신의 확신과 희망의 언어들까지를 포함하여 모든 것을 재검토하자. **혁명은 우리 뒤에 있**

다. 그것은 이미 소비의 대상, 간혹 향유의 대상이 되었다. 그러나 우리 앞에 있는 것, 필경 굉장할 그것에게는 아직 이름이 없다.

1968년 12월

권력의 편집증, 억압의 변증법—연구를 위한 소고

5월의 사건을 드골 정권은 어떻게 보고 있는가? 두 가지의 설명을 내놓는데 이 둘은 서로 모순되지만 항상 동시 주장되며 공식 표명되지 않은 이데올로기에 의해서만 그 일관성을 부여받는다. 우선 이렇게 외친다. "불량배들이었다." 드골 정권의 가슴에서 나오는 외침이다. 드골주의의 지적 밑바탕을 노출시키고 있는데 그곳에는 드골(난장판),* 사나운 우둔함(푸자드, 비비앙, 팡통)이나 푸셰와 같은 단순한 사람들이 공존한다.

　모든 권력자들 내부에 도사리고 있다가 이해할 수 없이 권력이 흔들린다고 느낄 때면 도지는 질병 부위를 경고해 줄 수 있는 설명이 하나 더 있다. 그것은 바로 "국제 세력에 의해 조직된 음모였다"라는 것이다. 퐁피두도 이렇게 말했고, 그리모,** 그리고 드골도 다

---

* "개혁은 예스, 난장판은 노"(La réforme, oui. La chienlit, non). 5월 혁명 중 드골의 발언. 드골은 사태 수습책을 발표하면서 한 말이었지만 '난장판, 지저분한 것이나 그런 사람'의 의미인 chienlit는 5월 혁명에 대해 드골이 내린 단적인 정의로 간주되어 많은 반발과 수많은 패러디[Chienlit, c'est toi ; 너저분한 놈은 바로 너 ; 드골 얼굴이 그려진 포스터의 글]를 낳았다.—옮긴이

시 그렇게 말했다.

물론 이보다 더 어리석을 수는 없다. 거의 기적에 가까울 정도로 한심한 이야기다. 게다가 둘 중 하나를 선택해야 하지 않겠는가? 불량배·그 공인된 '통제 불능자들'·거리의 건달·상습범·사회부적응자·무장용병대·무법자, 규율화할 수도 없고 조직에는 맞지도 않는, 완벽할 정도로 조직 불가능한 자들. 그렇다면 어떻게 국제 음모론을 유지할 수 있는가? 그것은 적어도 대중들을 통제하고 '편성' 하기 위한 고도로 훈련되고 엄격하게 규율화된 무장그룹을 전제하지 않는가?

그렇지만 이 두 주장은 나름의 의미가 있으니 음미할 필요가 있다. 불량배, '더러운 손', 긴 머리, 괴상한 차림새의 사내들, 다시 말해 다른 부류의 존재들이다. 게다가 젊기까지 하니 이중으로 이방인들이다. 그들은 다르기 때문에 공포의 대상이다. 더욱이 그들은 거리를 대표하는데, 그 거리라는 것이 목소리를 내기 시작하면 그때는 무섭다. 그것은 자유, 어쩌면 최고주권의 무대이다. 그런데 드골은——이 말을 꼭 해야만 하는데——거리를 두려워한다. 이 '두려움' 은 정신적인 것만이 아니라 육체적인 것이기도 하다. 5월은 드골을 공포로 몰아넣었다. 이 지경에 이르면 무엇을 하든 그는 두려움을 느끼게 되는데, 이 두려움은 **타자**의 제거로 이어지는 인종차

** Maurice Grimaud ; 68년 5월 당시 파리 경찰청장. 과잉진압에 반대하여 5월 혁명 중 희생자를 극소화하는 데 기여한 것으로 평가받는다. 그가 진압경찰들에게 보낸 서면 지시사항 중에는 "바닥에 쓰러진 시위 군중을 때리는 것은 경찰관 자신을 때리는 행위이며 나아가 경찰 기구 전체를 타격하는 것이나 마찬가지"라는 구절이 있었다고 한다.—옮긴이

별적 공포이다. 타자는 언제나 거주지도, 권리도 없이, 길을 잘못
든——거리의 자식?——으로 취급되는 것이다.

두번째 주장은 망상적 착란을 작동시키는 것이다. 드골 체제가
신경증의 활성화 단계에 돌입한 것은 분명하다. 드골과 그의 각료
들이 외부세력에 의해 비밀스럽게 조직된 음울한 음모론을 믿거나
말거나(보멜은 쿠바행 비행노선을 중단시킴으로써 드골주의를 미국
추종주의로 만들었다), 중요한 것은 그것이 아니다. 드골의 체제가
그 음모론을 믿는다는 사실이 중요하다. 그리고 체제는 강력한 것
이다. 체제는 언제나 모든 것을 논리로 설명해 내는 망상을 통해서
공격성을 조직하며, 그 망상은 결국은 현실마저 그에 상응하는 방
식으로 조직하도록 강요하고 만다. 아픈(갑자기 열등하다고, 무시당
한다고 느꼈기에, 모든 사람들에게 우습게 보인다고 느꼈을 뿐 아니라
며칠 동안 아주 무너져 버렸다고 느꼈기에 병이 나 버린) '나'의 고통
에서 출발해서 하나부터 열까지 조작된 음모의 신화가 공안, 사법
적 조치를 정당화한다. 그리하여 (서 푼어치의 상상력도 필요 없이)
군소 반대 단체들의 해산 조치를 선포하기에 이르는데, 그 중 몇몇
은 아예 존재하지 않았거나, 몇 해 전부터 이미 더 이상 존재하지도
않는 것이다. 왜냐하면 마르슬랭*의 말처럼 "범법행위의 법적인 가
능성을 구축해야 하기 때문이다." 달리 말하면, 법은 '범죄'를 성립

---

* Raymond Marcellin(1914~2004) ; 5월 혁명 당시 내무장관(크리스티앙 푸셰 사임 이후,
1968년 5월 31일부터 1974년 2월 27일까지 재임). 1968년 6월, 12개의 극좌파 조직 해체조
치를 비롯, 극좌·극우 단체의 해체를 주도하여 재임시 '곤봉'으로 불리며 늘 무장경찰기
동대원으로 풍자되었다.—옮긴이

시키기 위한 것, 범죄를 상상적인 것으로부터 끄집어내기 위한 것일 뿐이다. 이것이 바로 편집증적 행보이다. 사회적 혹은 개인적 편집증은 병에 걸린 개인이나 사회의 비정상적 반응에 의해서 모든 것이 비정상적 양태를 띠는 공간을 만들어 내고 그 안에서는 모든 행동, 모든 말, 모든 존재 방식이 의혹의 대상이 된다.

신경증적 진행과정의 전개를 뒤따라 보자. 처음에 정부는 아직은 소심하여 그 법령에 의거해 고소·고발을 하진 않을 것이라고 발표한다. 그렇지만 수색영장을 발부하고, 사무실을 폐쇄하며 체포한다 (프랑크*의 경우). 감치도 하고, 특히 외국인들이 표적이 된다. '이방인'은 편집증 환자들이 선호하는 희생물이다. 남들과 같지 않고, 남들처럼 말하지 않아서 '이야깃감'이 된다. 이는 곧 '이방인'이 이야기의 일부가 되고 따라서 무시무시한 음모의 한 부분이 됨을 뜻한다. 외국인을 수배하는 곳, 그곳은 가학 망상의 열정이 활동에 들어간 곳이라 확신해도 좋다. 이쯤에서 상황은 급진전된다. 재조직되는 해체 기구에 대해서는 의혹의 눈길이 쏠린다. 존재하지도 않는 조직의 구성원들은 일단 리스트에 오르면(요즘 같은 때에 리스트에 오를 기회는 무수히 많다. 시위 중의 소환은 실상 다른 목적이 없다. 그리고 '소환'이라는 이 말 자체가 의미심장하다. 나는 너를 부른다, 너를 지목한다. 너를 비난한다. 너는 이제부터 그리고 언제까지나 나의 목록 그 어딘가에 기입되어 있다), 존재하지도 않은 그 조직에 더 이상 소속되지 않는다는 사실을 입증할 방법이 없는 것은 너무도 당

---

* Pierre Frank ; 68년 5월 당시 '제4인터내셔널'의 리더로 활동.—옮긴이

연하다. 만일 운 나쁘게, 때마침 주거라도 이전하는 경우엔, 바로 그것이 증거다. 그는 불법 활동가가 된다(불법 활동가들에 대한 퐁피두의 발표). 그가 정상적으로 행동한다면, 그의 평소 친구들을 만나기를 계속하면서 심한 경우에 그가 생각하는 바를 말하기까지 한다면, 그렇다면 좀더 나빠져서, 그것은 자백이 된다. 그는 활동을 계속하는 것이다. 문자 그대로 범법행위다. 따라서 그는 체포된다. 그러면 곧 사회는 동요한다. 비밀스러운 정보가 유포되고 담당 판사는 작업에 들어간다. 선량한 사람들은 항의하고 몇몇 항의자들은 시위까지 하게 된다. 그럼 경찰이 출동하고 또다시 체포하고, 리스트에 올린다. 이 단계에서 나오는 결론은, 아무튼 '무언가'가 있다는 것이다. 그러니까 사람들이 얘기하는 것 아닌가라는 논리다. 끝없는, 그리고 한심한 미친 짓이다. 이렇게 되면 어떻게 크리빈**이 되기를 멈출 수 있겠는가? 어떻게 유태인이기를 멈출 수 있겠는가?

경찰 탄압의 변증법은 잘 알려진 방식대로 전개된다. 경찰에겐 고유의 조직력이 있는데, 무슨 말인고 하니, 원래의 의도는 무엇이든 간에 어떠한 사회 정치적 현실이라도 고발하려는 그 음모로 조직해 낼 수 있도록 정확하게 만들어져 있다는 것이다. 모든 것이 징표고 모든 것이 증거가 된다. 만일 압수수색 중에 쿠바의 신문인 『그라마』(Gramma)를 발견하면 그것은 쿠바가 음모에 연루되었다

** Alain Krivine ; 68년 5월 당시 아셰트 출판사 편집자로 일하면서 '공산주의혁명청년단' (JCR)을 설립하여 활동. 5월 3일부터 학생 운동에 적극 가담. 소르본 점거 참여. 경찰의 소르본 해산 작전에서 소환된 574명 중 한 명. 6월에 JCR이 정부 조치로 해체되고 7월에 투옥, 가을에 석방됨. 1969년 '공산주의 동맹'(LC) 설립. 현재 혁명공산주의동맹 (LCR)의 3인의 공동대표 중 한 명.—옮긴이

는 증거이다. 모든 주소록은 수상하고 크리빈이 거리의 행인과 악수라도 하면 그 행인은 바로 소환되고, 감치되고, 분류된다. 조만간 풀려나온다 하더라도 그는 항상 감시당하고, 이제는 그가 그의 주변 사람들을 수상한 자로 만들어 갈 차례다. 가히 급성 전염병이라 할 만하다. 그러나 병에는 결정적인 고비가 있는데 이중의 전개에 의해서 위중한 순간을 예고한다. 이 이중의 징후를 간단히 언급해보자. ①사복 경찰의 거리 점령, ②경찰과 협조하는 경찰의 대체조직, '시민 행동 애국단' 출연. 이 지경에 달하면 전개 속도는 더욱 가속된다. 모두가 모두를 의심한다. 권력의 편집증, 경찰과 사법부의 편집증상은 무수한 개인적 소규모 망상증을 촉발시키는데, 대규모 사건들이 우선은 숨죽이게 만들지만 곧이어 터져 나오게 만든다. 이 시점부터는 일상의 삶이 바뀐다. 경찰은 거리에 있는데, 그 무엇으로도 식별 불가능하다. 이 말은 경찰이 어디에나 있고, 눈에 띄지 않기를 원하는 만큼 더 눈에 들어온다는 것을 뜻한다. 잘 쳐다보면 어디에서나 그들을 볼 수 있을 것이다. 영화관 주변, 편의점 맞은편, 특정 구역의 카페들 안에 있는 것은 양반이고, 간혹 박물관에도(왜냐하면 반체제 저항인물들이 그곳에 모인다고 알려져 있기 때문에) 있다. 그리고 마침내 당신 자신이 경찰이 된다. 결국 일어나고야 마는 일은, 경찰이 사복을 입으면 시민들——권력과 연관되고, 권력에 의해서 공식적으로 인정되고, 또한 권력에 의해서 구성된——이 경찰이 된다는 것이다(사르트르가 드골 장군의 '살인 요청'이라고 적절히 명명한 바를 상기할 것. "최고위층의 정책, 그것은 무기력하고 비겁한 정책이다. 그러나 동시에 하부조직을 향해서 그들은 살인 요청을 날린다. 드골의 시민행동위원회 창설 호소, 그것은 정확히 바로 그것이기 때문이다. 노인네가 …… 격노했고, 그 지지자들에게 이렇게 말했다. 「더 이상 농담 말고, 이제 두들겨라」, 『르 누벨 옵세르바퇴르』(Le Nouvel Obsevateur), 27면, 6월 1일자). 그런데 이 전문화된 시민들은 그들 나름대로 조직화한다. 일부는 학생들 내부로 들어와 일했다. 그들은 염탐하고 감시 일지를 작성하고, 가끔은 도발한다(도발자라는 어휘의 비범한 영역 확장은 현재 유행 중인 병의 특별 증세들 중 하나다). 다른 일부는 경찰 특수 분과와 관련을 맺는다. 그들을 '운동선수들'이라고 불리는데, 경찰의 몇몇 분과 조직이 격렬한 종목으로 특수 훈련된 코치들로 구성되기 때문에 쉽게 섞여 들어갈 수 있다. 끝으로 '시민행동대'(SAC)*나 '공화국수호위'(CDR)**는 경찰 중에서 조직원을 선발한다. 뛰어난 술수다. 조직원이 된 경찰은 그들의 경찰 상급자가 어떤 행동 방식들에 대해 경고를 하더라도, 그 명령에 더 이상 복종 의무를 느끼지 못한다. 이어서 '유감스러운 과잉'을 저지르더라도 그것은 순수한 시민적 열정에 의한 것이고, 정규 경찰조직을 불미스럽게 만드는 피해를 주지는 않는다. 그러나 동시에 그들은 공식 경찰 조직이 보유한 모든 정

---

* SAC(Service d'Action Civique, 시민행동대); 1958년 드골 정계 복귀 후 드골 장군의 사상과 행적을 수호하고 알리기 위한 목적으로 조직된 단체. 1960년에서 1981년까지 존속하며 드골과 드골의 후계자들을 위해 활동하였다. 경찰유사조직이라는 비판도 받았다.—옮긴이

** CDR(Comités de Défense de la République, 공화국수호위); 1968년 5월 혁명 당시, 드골 지지자들이 출범시킨 기구, 5월 30일 샹젤리제에서 100만 명을 동원한 대규모 반-혁명 시위, 드골 지지 시위를 조직했다.—옮긴이

보와 무력 장비를 마음대로 사용할 수 있다. 다수의 경찰들도, 조직에 대한 연대감 때문에라도 이런 뒤섞기(이미 일어난 일이다)를 찬성하지 않고, 그들 스스로가 파시스트적이라고 부르는 이런 실태를 고발하고 있음은 기억해야 할 것이다.

이제 결론 아닌 결론을 내려 보도록 하자. 거대한 편집증이 있다. 그것은 있는 그대로 이성의 편집증, 이성의 광신주의로서 모든 것을 이성으로 설명하고 모두에게 이유를 해명하게 만들고, 모든 것을, 전체를 이성으로 환원하려 함으로써 미쳐 가는 이성을 말한다. 노인네들의 편집증이 있다. 그것은 더욱 허약하고 덜 체계적인 데다 딱하도록 불안정하며, 주제의 반복으로 의한 망령 증상을 보인다. 그러나 국가의 편집증은 언제나 강력하며 그것을 조직하는 체제는 한계를 모른다. 따라서 우리가 선택해야 한다. 가중되고 있는 억압을 그것이 더 확산되도록, 그리하여 현 사회의 관용적·비관용적인 모든 억압적인 기능들이 더욱 선명히 노출되도록 만드는 데 사용할 것인가? 아니면 언제나 자신을 지나치게 중요하게 생각하는 편집증에 대하여 우리는 비-진지함의 전략을 구사함으로써, 게임정신마저도 벗어나는 게임의 충격 작전을 통해서 응수할 것인가? 아니면 전쟁에 돌입할 것인가? 권력으로서는 그 규칙조차 추측할 수도 없을 만큼 전적으로 새로운 전쟁? 바로 이것이 질문이다. 비밀 음모의 신화에 대한 우리의 기여와 마찬가지로 이 글에서도 명확한 대답을 기대하지는 말기를 바란다.

5장
—
활동적 은거

1970~2003

우리들의 책임*

흑백분리주의, 그것에 대해서 올바르게 말하고 쓰는 것이 가능할
까? 나치즘이 인류의 한 부분을 삶과 삶의 권리에서 배제했을 때
벌어졌던 일들이 그 재앙 이후에도 이렇게 여전히 반복되고 있다
니. 나치즘의 재난이 그토록 끔찍한 독트린을 다시는 있을 수도, 생
각할 수도 없는 것으로 만들지 않았던가?

공교롭게도 '아파르트헤이트'(Apartheid)는 제국주의 국가들이
인류 정신의 다양성을 구현할 특권을 독점하고 있지 않음을 인정하
면서 무너지던 바로 그 시점에 법률적 형태를 갖췄다.** 보어인들은
마치 그들에게 역사의 흐름을 중단시킬 의무라도 있다는 듯이 모든
변화에 역행하였다. 마치 "아프리카는 역사가 없다"라는 헤겔의 경
솔한 발언을 확산시킬 임무라도 짊어진 것처럼. 그들에게 굳이 변
명거리를 찾아 준다면 그들 자신들도 변하지 않았다는 것, 그들이

---

* 자크 데리다가 주도한 『넬슨 만델라를 위하여』(*Pour Nelson Mandela*, Éditions
  Gallimard, 1986)라는 책의 맺음말로 실린 블랑쇼의 글이다.
** 아파르트헤이트는 공식적으로 1948년에 제정되어 1991년에 폐지되었다.—옮긴이

옛 제국주의자들의(16~17세기 몽테뉴가 서로 다르지만 동등한 문화가 있다는 사실을 발견했던 시대) 편견을 고수했을 뿐 아니라 오히려 강화했다는 정도일 것이다.

처음에 미지의 땅에 와 정착을 시도한 이 모험가들은 나름의 힘과 독특한 문화, 제한되고 박해받기도 하는 종교를 가지고 있었다. 수백 년이 흘렀지만 케케묵은 요구들은 그대로 남았다. 이것들은 더 가혹하고 모순되기도 하는 규정을 동원해 가며 아성을 지키는 데 급급했을 뿐이다. 각 집단(유색인과 백인)이 상호 분리를 통해서만 발전시켜 나갈 수 있는 고유한 문화를 가졌다는 다소 암묵적인 합의가 있었다. 이런 위선적 결정은 거의 곧바로 다수에 대한 공포와 노예적 노동에 '열등한 자들'을 사용해야 할 필요성 앞에 무너졌다. 백인과 흑인은 대면하며 살아갈 수밖에 없었는데, 그것은 불가피했지만 언제나 위험한 공존이었다. 많은 경우 흑인들은 (노동하기 위해서) 존재해야 했지만, 동시에 (순수한 개인적 존재 혹은 여가의 주체로서의 존재에 대한 권리는 없었기에) 존재하지 말아야 했다.

이렇게 해서 인종분리정책은 거의 노예제도보다 더 사악한 법들을 만들어 냈다. 흑인들은 없어서는 안 되는 존재지만 백인들에게 위험한 오염원이라는 것이다. 마찬가지로 흑인이 서구인 식으로 교양인이 된다면 그것은 중대 범죄이다. 이런 불행이 일어난다면 그는 사회적 균형을 파괴하고 공산주의나 그 유사한 주장을 유포하는 위협적 존재가 될 것이다. 그래서 넬슨 만델라는 처벌되었다. 자유롭게 지내기에는 그는 너무 많이 배웠고 유능하다. 공산주의·공동체·민주주의는 배제된다. 결국 법령만으로도 충분치 않다. 아무래

도 그것들은 어느 정도만 보장해 주기 때문이다. 법을 정지시켜야
한다. 이른바 비상사태 선포다. 모든 자유로운 정보 유통을 금지하
고, 자신 속에 갇혀서, 급기야는 세계의 다른 나라들과 단절한다.
상품만은 예외인데, 그건 최후의 진실로 남는 것이 상거래이기 때
문이다.

이 끔찍한 사실들을 우리가 상기하는 이유는 단지 기억 속에 새
겨 두기 위해서가 아니라, 우리들의 책임을 더 분명히 깨닫기 위해
서다. 이 잔인함·이 고통·허다한 살인행위, 우리가 그것들을 무심
하게 받아들이는 한, 우리의 낮과 밤이 그로 인해 고통받지 않는 한
우리도 그것을 거드는 셈이다. 불행하게도 프랑스 정부의 수장께서
우리의 '편안한 양심을 위한 근심거리'라고 부르는 것을 대수롭지
않게 여기는 것은 충격적이다. 필시 그의 양심은 저기, 다른 세계에
서 일어나는 일로 고통받지는 않을 것이다. 마찬가지로 유럽연합의
무반응은 유럽이 대표한다는 이상과 문명의 위상을 실추시킨다. 만
일 우리가 호소와 비난의 목소리, 외침 또 외침의 목소리를 내지 않
는다면 우리 역시 책임과 죄를 면할 수 없다는 사실을 명심하자.

위니 만델라에게 보내는 브레이튼 브레이튼바흐*의 말, 우리가
그 말을 함께하기에 부족함이 없기를.

"우리의 가슴은 너와 함께 있다 / 아프리카는 해방될 것이다."

---

* Breyten Breytenbach(1939~) : 남아프리카 공화국 작가. 학생 시절부터 아파르트헤이
트 반대 활동. 1961년 파리로 망명. 1975년 남아프리카 공화국 여행 중에 체포되어 9년
형을 선고받았다. 복역 도중(1982) 프랑스 대통령(프랑수아 미테랑)의 개입으로 석방. 프
랑스 국적 취득. 현재 남아프리카공화국·프랑스·스페인에서 작품 활동 중.─옮긴이

확립된 질서의 거부[*]

당신의 설문에 무어라 답해야 할지 모르겠습니다. 작가란 언제나 질문을 찾아 나서는 사람이니 말입니다. 그에게 먼저 던져지지 않은 질문. 그가 답을 구했노라 자족하면서 질문을 잃어버리게 될 때면, 더 이상 같은 질문이 아니며, 그 자신을 외면하게 만드는 잃어버린 질문에 맞서 서서히 참을성 있게 자신을 질문으로 삼게 만드는 질문을 찾아 나서는 사람이 작가입니다. 참여문학에 대한 설문을 받고 보니 30년 전으로 되돌아간 것 같습니다. 그때 사르트르는 이론적 확신보다는 논쟁적 도전(그 자신의 모습이라고 여겼던 고전적 작가에게 던지는 도전)을 위해 참여문학을 내세우고 이론의 여지가 없는 권위를 그 말에 부여하였습니다. 다시 말해 그것을 모든 토

---

[*] 『르 누벨 옵세르바퇴르』(문학Littérature 특집호, 1981년 5월)의 설문에 대한 블랑쇼의 답변. 카트린 다비드가 작성한 설문지는 다음 3개의 질문으로 구성되었다. ① 오늘날, 작가는 여전히 참여문학의 효능을 신봉할 수 있는가? ② 참여문학에 속하는 작품 중 최고의 걸작은 무엇이라고 생각하는가? ③ 대의를 위하여 펜을 들 준비가 되어 있는가? 그렇다면 구체적으로 어떤 대의인가? —옮긴이

론의 영역 바깥에 놓았습니다. 대부분 작가들이 ── 물론 좌파 작가들을 말하는 것인데 ── 그 표현에 동조하기보다는 거부감을 표했습니다. 앙드레 브르통, 조르주 바타유, 롤랑 바르트(죽은 이들을 말하게 하는 것이 허락된다면 ── 그들이 우리들 마음속에 살아 있긴 해도) 모두 그랬습니다. 내가 아는 얘기를 하자면 사르트르 자신도 전후의 가장 중요한 결정이며, (68년 5월 이전의) 역사적 사건에 가장 크게 영향을 미친 결정이었던, 알제리전쟁에서 불복종의 권리에 관한 「121인 선언문」이 비참여적으로 통하던 작가들의 작업으로 판명되었을 때 적잖이 놀랐습니다. 그 작가들은 권력이 혐오스러운 억압의 형태를 띠게 되자 위험을 무릅쓰고라도 거부를 표명하지 않을 수 없었던 것입니다. 사르트르도 곧 그 특유의 권위를 가지고 거기에 합류하였고, 문학 정신의 자족감을 뒤흔들 목적에서 (물론 필요한 일이었지만) 사용했던 지나치게 단순한 공식을 재검토하게 되었다고 생각합니다(그가 내게 그렇게 말했습니다).

무슨 말을 더해야 할까요? 아마 문화 권력이 있을 것입니다. 그것은 모호한 힘인데, 이 모호함을 상실하면서 그것을 종속시키는 다른 권력에 복무하게 될 위험이 항상 있습니다. 극단적으로 말해서 글쓰기는 행해질 수 없는 것, 따라서 언제나 비-권력을 찾아나서는 것입니다. 정복과 질서, 무엇보다 확립된 질서를 거부하며, 절대적 진리를 말하기보다는 침묵을 선호하고 그리하여 끊임없이 비판하고 또 비판하는 것입니다.

참여하는 문학의 전범이었다고 할 만한 예를 들어야 한다면, 나는 문학이 존재하지 않던 고대에서 찾아낼 수 있을 것 같습니다. 첫번째로 그리고 우리에게서 가장 가까운 것으로 성경의 출애굽기가 있습니다. 모든 것이 거기 다 들어 있습니다. 노예의 해방, 사막에서의 방황, 글에 대한 기다림, 예컨대 입법적 글에 대한 기다림, 우리가 언제나 저버리게 되는 계명, 그리하여 그 깨짐, 그 조각남 자체 속에서가 아니라면 완벽한 대답을 구성할 수 없을 깨진 율법의 자판만이 주어진 기다림. 마지막으로 작품을 완성 못한 채 죽어야 하는 필연성. 작품, 곧 약속의 땅이란 그 자체로서 도달 불가능하기에, 그럼에도 끊임없이 갈구되고 그 갈망 속에서 이미 주어지는 것이기에. 유태교의 유월절 의식에서는 정의로운 세상과 구세주의 도래를 그보다 먼저 와 예고할 이를 위해 포도주 한 잔을 따로 준비해 놓는 전통이 있는데, (참여적) 작가의 소명은 스스로를 예언자나 구세주라고 믿는 것이 아니라 앞으로 올 사람의 자리를 지키는 것, 그 자리가 늘 비어 있도록 모든 사칭행위로부터 지켜 내는 것임을 우리는 알고 있습니다. 우리들이 노예였었다는 사실, 그래서 비록 해방되었어도, 다른 이들이 노예 상태에 있는 한 우리 역시 노예이고 노예로 남을 것이라는 것, 따라서 (지나치게 단순화시킨 말이기는 하지만) 오로지 타인을 위한, 타인에 의한 자유만이 존재한다는 것을 상기시키는 아주 오래된 기억을 수호하는 것이 작가의 소명입니다. 이것은 물론 끝이 없는 일이고 자칫 작가를 교훈적이며 교육적인 역할 속에 함몰시킬 위험이 있는 사명입니다. 그로 인해 자리도, 이름도, 역할도, 정체성도 갖지 않을 것을 명하는, 말하자면 결코 아직은 작가가 아닐 것을 명하는, 작가에게 부과된 또 다른 요구로부터 벗어나게 만들 위험이 있는 사명입니다.

종말을 생각하다[*]

언론 보도를 통해 하이데거와 하이데거 스캔들^{**}로 비화한(마치 뤼셰르 스캔들, 쇼메 스캔들^{***} 등등이 있듯이) 사건에 대해서 발언할 권위가 내게 있기라도 한 것처럼 기고문을 작성하기보다는 한 통의 편지를 쓰는 편을 택하기로 하였습니다. 말하자면 미디어가 지극히 중대한 '사건'을 선정적으로 취급하면서, 우리를 가장 저질스러운

---

* 블랑쇼가 『르 누벨 옵세르바퇴르』의 카트린 다비드에 보낸 서한문 형식의 글이다. 빅토르 파리아스의 『하이데거와 나치즘』(Heidegger et le nazisme, Éditons Verdier, 1987) 출간이 큰 반향을 일으킴에 따라, 시사 주간지 『르 누벨 옵세르바퇴르』(1988년 1월 22~28일자)가 마련한 특별기획, "하이데거와 나치 사상"에 게재되었다. 엠마누엘 레비나스, 프랑수아 페디에, 필립 라쿠-라바르트의 글이 함께 실렸다.

** 빅토르 파리아스의 책이 불러일으킨 논쟁은 '철학자로서의 하이데거와 나치당원으로서의 하이데거는 별개인가, 즉 나치당원 시절은 하이데거 전기상의 우발적인 사고에 불과했는가? 아니면 하이데거의 철학이 본질적으로 나치즘과 친화적 관계인가?'에 대한 것이었다. 하이데거의 영향력이 지대했던 만큼이나 논란은 치열했고 철학자와 지식인들을 분열시키며 오래(1987년 가을부터 이듬해 늦봄 이후까지) 지속되었다. 1987년의 경우처럼 격렬하지는 않지만 2005년, 엠마누엘 파이유(Emmanuel Faye)의 『철학에 도입된 나치즘』(L'introduction du nazisme dans la philosophie) 출간 이후 프랑스에서 하이데거 논쟁은 재점화되었다.—옮긴이

*** L'affaire Luchaire, L'affaire Chaumet; 1986~1987년에 터진 무기 밀수출 등과 관련된 프랑스 정계의 재정 스캔들.—옮긴이

격정과 흥분·폭력으로 몰아넣었습니다. 그 문제는 물론 중요하고 종결짓기 힘든 것이라 하여도 이미 여러 번 다뤄졌던 것인데 말입니다. 빅토르 파리아스가 화제가 되고 있는 것을 이해합니다. 논쟁적 의도가 농후해서 긍정적으로 평가하기 어렵긴 하지만 그가 몇 가지 새로운 사실들을 들고 나왔으니까요. 그러나 나온 지 6개월이 넘은 필립 라쿠-라바르트의 책****에 대해서는 다들 침묵으로 일관하였고, 아마도 내가 처음으로 언급한 사람일 것이라는 점은 어떻게 설명해야 할까요? 그의 책은 파리아스가 폭로하는 사실들의 대부분을 인용하고 거론하면서도 일화적 측면은 배제한다는 차이점이 있습니다. 라쿠-라바르트의 책은 엄격하고 엄밀하여 우리를 핵심적 질문과 마주하게 합니다.

여기서 그의 책을 요약하진 않겠습니다(철학 책을 요약할 수는 없습니다. 라쿠-라바르트는 자신을 철학자로 규정하지 않습니다만). 하이데거도 역시 "마르틴 하이데거의 철학은 없다"는 말을 했었지요. 형이상학이 종말에 이르렀다고 주장했기 때문인데요, 니체도 그렇게 의심하긴 했어도 여전히 거기에 속해 있었습니다. 그렇지만 국가-사회주의에 가담하면서 하이데거가 이데올로기로 되돌아온 것은 부인할 수 없고 게다가 더 당혹스러운 것은 그 자신은 그 사실을 자각하지 못했다는 것입니다. 그의 '과오'를 인정하도록 요청받을

**** 스트라스부르 대학 출판부 간행. 파울 첼란(Paul Celan)에게 바쳐진 책, 『체험으로서의 시』(*La Poésie comme expérience*, Éditons Christian Bourgois) 역시 인용하는 바이다.—M. B.

때마다 그는 굳게 침묵하거나 상황을 더 악화시킬 발언만을 했습니다(하이데거 같은 사람이 오류를 범할 리 있겠는가. 급진성을 포기하면서 변질되었던 것은 나치 운동이다). 그런데 라쿠-라바르트 책에 의하면 (나는 미처 몰랐던 사실인데) 하이데거가 1933년에서 1934년까지의 정치 참여라는 구체적 상황에서 "자기 인생의 가장 큰 바보짓"을 저질렀다고 사석에서 털어놓았다고 합니다. (그저 '바보짓', 그 이상은 아니라는 말입니다.)* 한편 우리는 작년에 출간된 카를 뢰비트**의 증언을 통해서 1936년(대학 총장직에서 사임한 2년 후)에도 그가 히틀러를 향한 여전한 믿음과, "국가-사회주의만이 독일이 가야 할 길이었다"는 변함없는 확신을 표명했음을 알게 되었습니다. 지적으로나 도덕적으로 온전히 신뢰할 수 있는 이(게다가 하이데거의 후학, 더 정확하게는 그의 학생이며 상당히 자주 그의 아이들을 돌보아 주었으므로 가족같이 친밀한 사이였던)로부터 나온 이 결정적 증언은 그대로 옮겨 적어 볼 만한 가치가 있을 것입니다. 하이데거가 횔덜린에 대한 강연을 위해 로마를 방문했을 때, 그곳에서 피난민으로 지내던 카를 뢰비트는 비참한 주거환경에서 책도

---

* 공정성을 기하기 위해서, 혹은 그렇게 되도록 노력하자면, 하이데거가 국가-사회주의에 대한 찬양을 완화하기 위해 (완곡하게) 사용했던 몇 가지 유보사항들을 감안하여야 한다. 이미 오래전 『무한한 대화』(*L'Entretien Infini*)에서 내가 지적했던 것처럼 하이데거가 국가-사회주의 전성기에 행했던 니체 강의에서 '공식 철학'이 니체를 활용하는 천박한 방식에 대해 비판의 수위를 점점 높여 갔던 것은 부인할 수 없는 사실이다.—M. B.
** Karl Löwith의 『1933년 이전과 이후 독일에서의 나의 삶』(*Ma vie en Allemangne avant et après* 1933) 중에서 하이데거와 후설에 대한 글("1933년 내가 후설을 마지막으로 보았을 때, 그리고 1936년 로마에서 하이데거를 마지막으로 보았을 때")은 출판을 염두에 두지 않은 그 자신을 위한 '메모'로 1940년 집필된 것이다. 1986년 그의 부인에 의해 슈투트가르트의 한 출판사에서 뒤늦게 간행되었다.—M. B.

없이(이 사실을 하이데거는 마음 아프게 여겼다고 합니다. 파리아스는 하이데거가 분서를 행했다고 하지만 그렇지는 않을 것입니다) 살고 있었습니다. 함께 산책을 하던 중 뢰비트는 그때까지 다들 회피해 온 민감한 주제에 대해 하이데거에게 직접 물어보았다고 합니다. 그대로 인용하겠습니다. "나는 대화를 『노이에 취르허 차이퉁』(*Newe Zürcher Zeitung*)의 논쟁으로 이끌어갔다. 그리고 카를 바르트***가 그를 공격한 방식에 대해서 찬성하지 않지만 슈타이거****가 그를 옹호한 방식에 대해서도 찬성하지 않는다고, 왜냐하면 국가-사회주의에 대한 그의 동조는 **그의 철학**과 본질적으로 일치한다는 것이 나의 생각이기 때문이라고 말했다. 하이데거는 어떤 단서도 붙이지 않고 내 말에 동의했으며, 그의 역사성 (Geschichtlichkei) 개념이 정치 참여의 토대였다고 말하면서 자신의 의견을 개진했다." 여기서 잠시 인용을 중단하는 것은 하이데거 철학이 존재한다는 단언을 그때 하이데거 자신이 인정했음을 강조하기 위해서인데, 이 사실은 정치 참여가 하이데거의 사유를 철학으로 변형시켰을 것이라는 라쿠-라바르트의 추측이 옳았음을 확인해 줍니다. 그러나 이 '철학자'가 뢰비트에게 표명했다는 유보적 사항과 의혹은 시시한 정치적 의견들에 불과했습니다. 인용을 계속하겠습니다. "단지 그는 두 가지를 과소평가했다고 하며, 기독교 교회의 생명력과 합

*** Karl Barth(1886~1968) ; 스위스 신학자. 독일 본 대학교 신학교수로 재직하면서 1934년에 나치사상에 반대하는 기독교계의 선언 주도. 1935년 해직, 추방되어 스위스에서부터 신교의 나치 저항 운동을 지원하였다.—옮긴이
**** Edmund von Steiger(1881~1962) ; 스위스 정치인.—옮긴이

병 과정의 난관들을 언급했다. 그밖에 그가 우려하는 것은 생동력을 누르는 지나친 조직화(행정 편제를 말하는 것으로 보임)라고 했다." 거기에 대해 뢰비트는 자신의 생각을 이렇게 적고 있습니다. "나치 운동 전반의 파괴적 급진주의와 '기쁨에서 오는 힘'* 부류의 모든 조직들이 노정하는 소부르주아적 특징이 그의 안중에는 들어오지도 않았다. 왜냐하면 하이데거 자신이 급진적 소부르주아였기 때문이다. 나는 그의 태도 중 많은 것을 이해하지만 단 한 가지는 예외인데, 그것은 그가 (독일 법 아카데미에서) 율리우스 슈트라이허** 같은 자와 한 테이블에 앉기를 받아들였다는 사실이라고 말하자 우선 그는 말이 없었다. 이윽고 잘 알려진 (카를 바르트가 확실히 강조한) 다음과 같은 설명을 내놓았다. 예컨대 '학자(그가 자신을 이렇게 지칭한다) 몇 명이 참가하지 않았더라면 모든 것이 더욱 나빴을 것이다' 라는 말이었다. 그리고 이어서 문화계 사람들에 대한 신랄한 원망을 표하며 이렇게 그의 말을 마쳤다. '그 잘난 선생들께서 자신들이 현실에 발 담그기에는 너무 세련된 사람들이라고 여기지만 않았더라도 상황은 달리 진행되었을 텐데, 그때 나는 혼자 거기 있어야만 했다' 라고. 슈트라이허 같은 인물과 함께 일하기를 거부하는 데 그렇게 세련될 필요까지는 없었을 것이라는 나의 지적에, 그는 슈트라이허에 대해서는 단 한마디도 언급할 가치가 없다고 일축했다. 또한 하이데거는 『슈트뤼머』는 그저 포르노 나부랭이일 뿐이다. 왜 히틀러는 그런 음침한 인간을 쫓아 버리지 않는가? 그것을 이해 못하겠다. 어쩌면 그자를 무서워하는 것 아닐까' 라고 말했다." 뢰비트는 하이데거의 가짜 급진주의에 대해서 몇 가지 지적을 한 후 이렇게 덧붙입니다.

"실제로 하이데거가 '포르노'라고 불렀던 그 프로그램이 1938년에 완전히 시행되었으며 독일의 현실이 되었다. 그 누구도 슈트라이허와 히틀러가 그 점에서는 일심동체였음을 부인할 수 없다."

이 대화로부터 어떤 결론을 얻을 수 있을까요? 물론 그것은 대화였습니다. 그러나 하이데거는 대화에서도 가볍게 말하는 위인이 아닙니다. 따라서 그는 사람들이 그의 철학에 대해 말하는 것과 그 철학이 그의 정치 참여의 바탕이었음을 인정하였던 것입니다. 그때가 1936년, 히틀러는 정권을 완전히 장악한 이후였고 하이데거는 대학 총장직에서 물러난 다음이었지만, 그는 크리크·로젠베르크·반유태주의를 생물학적이며 인종주의적인 이데올로기의 표현으로 간주하는 자들하고나 간신히 거리를 두고 있었을 뿐이었습니다. 그런데 그가 1945년에 쓴 글을 읽어 볼까요?***

"1933년 국민 전체를 통솔하는 위치에 오른 후에는 히틀러가 당과 당의 독트린으로부터 과감히 탈피하고, 모든 것이 서구의 책임

---

* '기쁨에서 오는 힘'(Kraft durch Freude, KdF); 1933년 5월 1일, 노동조합을 대체한 독일노동전선(DAF)의 산하조직으로 나치가 국가차원에서 관리한 광범위한 국민 여가 프로그램. 무솔리니의 '노동 후 프로그램'(Dopolavoro)에서 모델을 차용한 것으로 알려진다. 콘서트, 야외활동, 여행 등을 조직하고 재정지원을 하였다. 대형 유람선 건조계획, 폭스바겐 비틀의 원조 격인 저렴한 국민자동차(KdF-Wagen) 개발계획 등도 KdF 프로그램의 일환으로 추진되었다.—옮긴이

** Julius Streicher(1885~1946); 독일 정치인. 교사로서 1921년 나치당에 가입. 1923년 뮌헨폭동에 가담. 1924년에는 지방장관, 1932년에는 국회의원이 되었다. 반유태주의 주간신문 『슈트뤼머』(Der Strümer)를 발간. 1933년 4월 1일, 반유태인의 날을 주도, 1935년에는 "독일의 피와 명예 보호를 위한 법"이라 칭해진 뉘른베르크 법안(유태인 감별 법안)을 만드는 데 앞장섰다. 1946년 전범으로 처형당했다.—옮긴이

*** J. Derrida, 『프시케』(Psyché, Galileé, 1987)에서 재인용.—M. B.

감을 완수하기 위한 혁신과 단결의 장으로 합류할 것이라고 생각하였다. 이런 확신이 오류였음을 나는 1934년 6월 30일 사건 (긴 칼날의 밤,* 룀 암살, 돌격대 해체) 이후 깨닫게 되었다."

"1933년 나는 분명히 국가적인 것과 사회적인 것에 지지를 표명하였지만, 국가주의에 대한 찬동은 결코 아니었으며 우생학적인 당 독트린이 근거한 지적·형이상학적 토대들에 대해서도 전혀 찬성하지 않았다……." 만일 이것이 정말 그의 진심이었다면 그는 1936년 뢰비트를 만났을 때는 단 한마디도 내비치지 않았다는 말이 됩니다. 그는 여전히 히틀러에 대한 신뢰를 간직하고, 나치 표시를 옷깃에 단 채로 단지 상황이 충분할 만큼 빠르게 진행되지 않는 것에 우려를 표하면서, 그러나 참고 잘 견디기만 하면 될 것이라고 말했을 뿐입니다.

국가주의보다 국가적인 것을 선호했다는 그의 말, 그것은 공연한 말이 아닙니다. 그것은 역시 그의 사유의 바탕에 자리하고 있는 것으로 대지와 고향 산하에 대한 그의 깊은 애착, 그의 착근의 결단('뿌리 뽑힌 자'들에 대한 바레스의 증오, 바레스로 하여금 뿌리 뽑힌 민족에 속하는 드레퓌스를 처단하게 만든 증오와 그리 다르지 않은), 마찬가지로 도시적인 것에 대한 그의 증오를 표현합니다.

이미 알려진 이런 사실들을 부연하려는 것이 아니라, 일종의 반유태주의가 그에게 있지 않았나 하는 점들과 거듭된 요청에도 불구하고 그것이 하이데거가 결코 유태인학살에 대한 입장표명을 수락하지 않았던 이유가 아닌가 하는 나의 생각을 말하고자 합니다. 감히 옮겨 적기도 힘든 끔찍한 하이데거의 글이 라쿠-라바르트(파리아스가 아니라)의 책에 수록되어 있습니다. 그 글에서 하이데거는 말합니다. "농업은 이제 기계화된 식량산업이다. 그 본질은 가스실과 절멸수용소에서 벌어지는 사체의 제조와 같은 것이다. 봉쇄 조치를 취하고 한 지방을 기아로 몰아넣는 것과도 같고, 수소폭탄의 제조와도 같은 것이다." 이런 발언이야말로 경악을 금치 못할 불충분한 인식이 아닌가, 집단학살에서 단지 과학기술 사용의 일면만을 보며 유태인들의 이름도 운명도 안중에 없는 것인가, 라고 라쿠-라바르트는 묻습니다. 아우슈비츠와 다른 곳에서 유태인들이 산업폐기물 처리 공정을 거치듯 처리되었던 것도 엄연한 사실이며 독일과 유럽(이 점에서 우리 모두의 책임감이 걸려 있습니다)의 쓰레기폐기장으로 간주되었넌 것도 사실입니다. 아우슈비츠에서 일어난 생각할 수도, 용서할 수도 없는 것, 이 절대적 단절이 하이데거의 단호한 침묵에 부딪혔습니다. 내가 알기로 그는 단 한 번 이에 관해 언급했는데 '수정주의자'들 식으로 전쟁 중에 사망한 동유럽 독일인들과 전쟁 중에 학살된 유태인들을 동일한 차원에 놓는 발언이었을 뿐입니다. "여기서 '유태인'이라는 단어를 '동구의 독일인'이라는 단어로 바꿔 놓아도 말이 될 것이다."[**] 이것이 하이데거의 생각이었습니다. 유태인이라는 사실 외에는 어떤 다른 잘못도 없는 이들이 유태인이라는 그 이유 하나로 절멸에 처해졌다는 것, 이것이야

---

[*] 히틀러가 정적으로 지목된 룀(Ernst Röhm)을 제거하고 그가 이끌던 250만 명의 돌격대(SA)를 해체하기 위해 일으킨 대규모 숙청사건. 200명이 처형되었다. 룀은 금권정치가 보수적 군부를 제거하는, 제2의 나치혁명을 주장하였다.—옮긴이

[**] 허버트 마르쿠제가 요청하여 받은 편지에서. 그러나 마르쿠제는 편지를 재수록하지 않았으므로 하이데거가 정확히 어떤 어휘를 사용하였는지는 확실치 않다.—M. B.

말로 역사에 유례가 없는 일이라고 라쿠-라바르트는 말하고 다음과 같이 설명합니다. "그리스-기독교적 서구의 신은 아우슈비츠에서 죽었다. 신이 죽은 그 서구에서 그곳에서 경배되고 사유되던 신의 다른 기원——어쩌면 그리스-로마적 사유에 포획당하지 않은 전혀 다른 신——에 대한 증인들을 말살하려 했던 것은 조금도 우연이 아니다……."

이제 단 한 가지만을 강조하며 글을 마칠까 합니다. 돌이킬 수 없는 하이데거의 잘못은 유태인 학살에 대한 그의 침묵 안에 있다는 것입니다. 파울 첼란 앞에서의 침묵, 용서받지 못할 일에 대해 끝내 용서를 청하지 않은 그의 거부가 첼란을 절망 속에 몰아넣었고 아프게 만들었습니다. 유태인 집단학살은 서구를 향해, 바로 그 서구의 본질을 폭로한 사건임을 첼란은 알았던 까닭입니다. 그리고 우리 모두가 그 기억을 함께 보존해야 한다는 것도 알고 있었습니다. 마음의 평온을 완전히 잃을 각오를 하고, 타자와의 관계 가능성을 지켜 내기 위해서 말입니다.

추신. 개인적인 이야기 몇 자 더 적겠습니다. 엠마누엘 레비나스 덕택에 나는 그가 아니었으면 들어 보지도 못했을 하이데거의 『존재와 시간』(Sein und Zeit)을 1927~28년부터 읽게 되었고, 그 책은 나에게 진정한 지적 충격을 가져다주었습니다. 내게는 대단한 사건이었고, 지금 기억 속에서도 그 충격은 여전히 강렬하게 남아 있습니다. 하이데거의 70세 기념 헌정문집에 내가 참여하였던 것은 아마 그런 이유에서였을 것입니다. 거기에 『기다림 망각』의 한 페이지를 실었습니다.

그런데 얼마 후, 구이도 슈네베르거*(파리아스는 그의 도움을 크게 받았습니다)로부터, 좀더 정확하게 말하자면 그의 편집자로부터 총장 재임 시절 하이데거의 히틀러 지지 연설문이 내게 전달되어 왔습니다. 그 형태나 내용이나 모두 끔찍한 연설문입니다. 사유의 위대한 순간에 우리들에게 가장 고귀한 질문, 존재와 시간으로부터 온 질문을 던지도록 초대하던 바로 그 글과 언어를 하이데거는 히틀러를 위해 투표할 것을 호소하기 위해서, 독일의 국제동맹 탈퇴를 정당화하기 위해서 혹은 슐라게터**를 찬양하기 위해서 다시 사용했기 때문입니다.

그렇습니다. 바로 그 신성한 언어를, 약간 더 거칠고 약간 더 과장적일지는 모르지만 동일한 언어를 그대로 사용했습니다. 앞으로는 횔덜린에 대한 그의 주석들 안에서도 그 언어는 들릴 것이고 그것들을 변질시킬 것입니다. 그리고 여전히 다른 이유들이 더 있습니다.

충심을 전하며

1987년 11월 10일

모리스 블랑쇼

---

* Guido Schneeberger ; 하이데거의 나치 참여를 다룬 『Nachlese zur Heidegger』를 1962년에 출간.—옮긴이

** Albert Leo Schlageter(1894~1923) ; 1923년 프랑스가 루르 지방을 점령하자 프랑스군에 저항하는 독일의용군에 자원해 철도 폭파를 시도. 프랑스 군사법정에서 사형을 언도받고 처형당함. 1933년부터 나치가 신화화 작업에 착수, 대표적인 나치 영웅으로 추앙하며 선전선동에 이용하였다.—옮긴이

『과도함-공장』 혹은 도막 난 무한[*]

『과도함-공장』은 처음에는 원고 상태로 내 손에 들어왔다. 원고를 검토한다는 것은 어쩔 수 없이 죄스러운 측면이 있다. 편집자의 우려는 신중함과 까다로운 기준을 요구한다. 그것이 객관성을 방해하지만 다행스럽게도 어떠한 경우에도 객관성이란 불가능한 것이다. 불가능한 객관성이 극도의 명철함을 고수하려는 관점을 흐려 놓는다. 그리고 그 책은 아직 책이 아니다. 미완성의 그것이 존경심에 의해 보호될 책이라는 지위를 얻기 위해 언제 그 미완성의 상태를 벗어나게 될 것인가?

그러나 『과도함-공장』은 거의 즉각적으로 하나의 원고이기를 그쳤으며 그렇다고 한 권의 책이 된 것도 아니었다. 첫 장부터 그것은

---

*이 글은 레슬리 카플란(Leslie Kaplan, 1943~)의 『과도함-공장』(*L'Excés-l'Usine*)이 P.O.L 출판사에서 재출간될 즈음 블랑쇼가 『리베라시옹』(*Libération*, 1987년 2월 24일자)에 게재한 글이다. 카플란은 프랑스 시인, 소설가. 철학·역사·심리학을 공부한 후 1968년부터 1971년까지 공장노동자로 일했다. 그 경험이 첫 작품 『과도함-공장』의 바탕이 되었다. 그 후 다수의 소설과 희곡을 발표하며 감옥·카페·학교·문화센터와 같은 다양한 공간에서 글쓰기 아틀리에를 이끌고 있다.—옮긴이

우리를 말하기에서 분리시킴으로써만 말해질 수 있는 것을 말했다. 단순한 단어들, 짧은 문장들, 담론이라기보다는 정반대로 극단적 지점을 건드리는 까닭에 단절되는 언어의 불연속성. 그것은 시일 수도 어쩌면 시 이상일 수도 있다.

다른 책들, 뛰어난 책들이 공장노동과 공장에서의 노동을 그렸다. 그러나 이 책의 첫마디에서 우리는 단번에 깨닫게 된다. 노동하면서 우리가 공장에 들어간다면 이후 우리는 우주와 같은 무한함('거대한 공장 우주')에 소속하게 되리라는 것, 더 이상 다른 세계는 없으리라는 것, 다른 세계는 결코 있지도 않았다는 것을 말이다. 시간은 끝났고 연속도 사라졌다. "모든 것들이 함께 그리고 동시에 존재한다." 더 이상 외부는 없다. 공장에서 나가는가? 그래도 나가는 것이 아니다. 밤과 낮의 구별도 없다. 그리고 명심하라. 60살의 은퇴, 70살의 사망이 당신을 해방시키지 않을 것이다. 긴긴 시간이나 순간의 섬광, 모두가 사라진다. 그것은 존재의 '구조'이며, 그 공백까지도 포괄하는 존재. 어쩌면 '무언가 있다'라는 사실 그 자체, 결코 헤어날 수 없는 존재의 바탕일 것이다. 그렇다. 명심해야 한다. 당신이 무엇을 하든 당신은 하고 있다는 것을("우리들은 끊임없이 한다"). 그것은 멈추지 않는 것, 사멸의 행복을 결정적으로 제거당한 영원이다. 당신들은 미래 없는 불멸성을 선고받은 불쌍한 신들이다.

비인칭성은 그것이 여성으로 체험되기에 더욱더 비인칭적이다. 여성들의 공장. 마치 익명성이 성별의 특징을 지닌 듯. "우리 여자들은 앉아 있다, …… 우리들은 미쳤다, 그것이 정상이다." 여기서 '우리'란 '나'의 모습이다. 주체 없는 주체, 어떤 공동성에도 도달하지 못한 채 개별성을 포기한 하나의 '나'. 게다가 더 지독한 것은 견딜 수 없음이 경이로움으로 통한다는 것이다. "대부분의 여자들은 이가 다 빠진 경이로운 미소를 지니고 있다." 그들이 맡은 일이 종이에 구멍을 뚫는 작업인 것처럼(사물 안에 구멍, 한 사물에 더해진 하나의 사물에 불과한 구멍), 미소의 경이로운 완벽함은 모자라는 것으로 인해 증대한다. 이빨 빠진 입의 부족함은 완벽함 자체이다. 이 말은 이토록 삭막하고 공허한 공간에서 아름다운 것이란 이미 망가진 것뿐이라는 의미는 아니다. 그것은 아름다움의 고유성이 바로 허물어지는 것, 하나의 모델, (플라톤적인) 이상적 관념을 지표 삼지 않는 것임을 말한다.

왜 과도함인가? 사람들이 공장에서 겪는 '그것'은 담론에 속하는 말들로는 형언할 수 없는 지나친 것이기 때문이다. 그렇지만 말이란 그것이 아무리 중성적이라 해도 언제나 그 나름대로 과도한 것이다. 말들이란 언제나 지나친 것이고 그것들이 말하는 바는 언제나 넘치는 것이다. 그렇지만 그것들은 정당하다. 무한을 향해 무한하게 열린 것이라 하더라도 그렇다. 우리들은 항상 "신은 존재한다"라고 말할 수 있으니, 그건 바로 공장이 신인 까닭이다. 다른 이야기가 없듯이 다른 신이란 없다. 그대들은 아마도 생각하리라, "그것은 공포 그 자체라고." 그렇다. 그것은 끝없는 끔찍함, 쉼 없는, 아마도 공포 없는 공포일 것이다.

『과도함-공장』에서 공장에 대한 이야기는 거의 없다. 공장 밖에서도 그들은 밖에 있는 것이 아니다. 그들은 작은 거울 안을 들여다본다. 바라보고 또 바라보아도 그 어떤 이미지도 없다. 그들은 배고

품을 느끼지 못한 채 먹는다. 충족을 배제하는 욕구는 그 무엇에 의
해 채워진다. "맛은 어디에 있는가?" 그들은 다른 이의 치아로 씹는
다. 호환 가능한 그들, 그렇다고 연대감이 확인되는 것은 아니다.

공장은 무한하지만, 그 무한함은 도막 나 있다. 우리는 도막 난 무
한함 안에 있다. 바로 이것이 레슬리 카플란이 나에게 가르쳐 주는
것, 파스칼과는 거리가 먼 것이다. 무한함, 그렇지만 도막 난 무한
함. 불연속성은 완수되었다. 우리는 살고, 우리는 죽는다. 그런데
이것이 '진짜' 죽음인가? 단지 피곤함, 무용한 노동, 매 순간 겉도
는 진실.

가장 비인간적인 것, 그것은 그들이 비인간화하지 않는다는 것이
다. 모두들 가운데, 홀로 그들이 앉아 있듯이, 물건, 아름다운 물건
이 제조되도록, 그들은 구멍을 만들고, 마찬가지로 그들은 아이들
을 만들 것이다. 공장을 위한 공장의 아이들, 이미 낡은("아기는 잿
빛이다") 그 무엇의 사랑스러운 탄생, 재시작 이외에 다른 아무것도
아닐 종말이 예약된 아기들.

공장은 그렇다고 강제수용소의 세계는 아니다. 지옥은 그 동심원
들을 가지고 있다. 우리들은 그것을 따라간다. 순진한 공포 속에서
우리는 끔찍함에 끝이 있을 것이라 믿는다. 우리를 기다리는 것에
대한 증언은 결코 존재하지 않을 것이다. 우리는 그것을 짐작하지
못한다. 그래도 이 말만은 하나의 방패처럼 간직하자. 모든 문화의
공간 이전에, '분할된 공간'을 이야기할 줄 알았던 여인이 우리에게
준 이 말. 언제부터인지 모르게 이미 언제나 기억을 파괴한 것. "공
장, 공장, 최초의 기억." 기억할 수 없이 아주 오래된 것.

잊지 마십시오[*]

만나서 대담을 나누는 것이 나로서는 불가능하기에, 그저 겸허하게 편지 글을 보내는 것을 이해해 주십시오.

어떻게 보면 유태주의는 나에게 너무나도 가까운 것이어서 그에 대해 말할 자격이 없다고 느낍니다. 만일 이 근접성에 대해서 말하기 위한 것이 아니라면 말입니다(그러나 그것이나마 내가 할 수 있을까요?). 언젠가는 그것을 말할 수 있기를 바란다면 오만함이 아닐까요? 대답은 이렇습니다. "장래에는 아니지만 어쩌면 미래에"(레비나스, 『슈퍼렌』 *Spuren* 20호)[**]

가장 오랜 옛 친구, 너나들이하는 나의 유일한 친구, 엠마누엘 레비나스에게 내가 얼마나 많은 것을 빚지고 있는지는 새삼 다시 말할 필요가 없을 만큼 잘 알려진 사실입니다. 우리가 1926년 스트라

---

[*] 살로몽 말카(Salomon Malka)에게 보낸 서신. 『라르케』(*L' Arche*, no. 373, 1988년 5월).

[**] 레비나스가 언젠가 당신과의 대담 중에 이렇게 말한 것을 기억하시나요. "……유태주의는 모든 인류의 본질적인 양태이다", 본질적인 그러나 대부분의 경우 오인되거나 감춰진 혹은 더 심한 경우 변질되거나 결국은 거부되는 양태.—M. B.

스부르 대학교에서 만났다는 사실도 그렇습니다. 그곳에서 훌륭한 스승들이 우리에게 철학이 하찮은 것이 아님을 깨닫게 해주었습니다. 그 만남이 우연이었을까요? 그렇게 말할 수도 있겠지요. 그러나 우정은 우연적이거나 우발적인 것이 아니었습니다. 심원한 그 무엇이 우리를 서로에게 끌리도록 만들었습니다. 그것이 이미 유태주의였다고 말하지는 않겠습니다만, 그의 쾌활함 말고도 삶을 깊이 있게 바라보는 무어라 형언하기 힘든, 현학 취미와는 거리가 먼, 심각하면서도 아름다운 태도였다고 말하고 싶습니다. 내가 후설과 하이데거를 읽게 된 것도 당시 이미 비정상적인 정치적 움직임이 일고 있던 독일에서 그들의 강의를 들은 바 있었던 레비나스 덕분이었습니다. 우리는 거의 동시에 스트라스부르를 떠나 파리로 왔습니다. 교류가 완전히 단절된 적은 없었지만 소원해질 수도 있었던 우리의 우정이 다시 긴밀해진 것은 재앙과 같은 전쟁의 불행 때문이었습니다. 그가 우선 프랑스 감옥에 수용되고, 사악한 정책의 살기가 그의 소중한 가족들을 위협하게 되자, 말하자면 비밀리에 그는 내게 가족들의 보호를 당부했던 것입니다.

그 기억은 아직도 생생하게 남아 있지만 이런 전기적인 우회로 안으로 깊이 들어갈 필요는 없겠지요. 유태인들이 우리의 형제들이라는 것, 유태주의는 하나의 문화나 하나의 종교를 넘어 타자에 대한 우리들의 관계의 기반이라는 것을 알게 해준 것은 물론 나치의 박해(몇몇 철학교수들이 주장하는 바와는 딴판으로 박해는 처음부터 자행되었습니다. 이들은 하이데거가 입당할 무렵인 1933년에는 국가-사회주의가 아직은 떳떳한 독트린이었으며, 반드시 처단받아야 할 것은 아니었던 것처럼 믿게 만들려고 합니다)였습니다. 당신이 탁월하게 해석한 바 있는 엠마누엘 레비나스의 작품에 대해서 다시 길게 말하지는 않겠습니다. 단지 그의 작품의 연구와 사색에는 지극히 세심한 주의가 요구된다는 사실만 한 번 더 강조하고자 합니다. 그의 작품이 우리에게 최우선적으로 깨닫게 하는 것은 무엇일까요. 그것은 읽는 것으로는 충분하지 않다는 것, 이해하고 받아들이는 것만으로도 족하지 않다는 것, 중요한 것은 주시하고 깨어 있는 것이라는 사실입니다. 우리는 타자에게 협소하기 짝이 없는 자리를 남겨 두면서 타자를 존중한다고 믿습니다. 그러나 타자는(결코 그것을 요구하지 않으면서) 모든 자리를 요구합니다. 타자는 언제나 나보다 높은 곳에 자리하며, 신(이 부를 수 없는 이름)에게서 더 가까운 곳에 있습니다. 타자로부터 나에게 이르는 비대칭적 관계는 윤리를 정초하는 것이며, 나를 압도하는 특별한 의무감으로 나를 구속합니다(윤리학은 레비나스에게 언제나 철학에 속하는 것입니다. 그것은 실천이성이 순수이성보다 우선하는 칸트에게서도 마찬가지입니다).

당신은 내게 마르틴 부버에 대해서도 질문하였습니다. 그는 동화(同和)로 인해 유태주의가 소멸의 위험에 처했던 시기에 그것을 깨워 냈습니다. 간혹 샤갈을 연상시키는 매혹적 필치로 그가 우리에게 준 모든 것으로 인해 우리는 마르틴 부버를 사랑합니다. 옳든 그르든 그에게는 하시디즘(Hasidism)적인 광채가 있는데, 거기엔 풍부한 교훈과 유머가 어우러진 경이로운 이야기들이 그득합니다. 그러나 그 하시디즘은 중세의 그것과는 판이한 것으로서, 샵태 츠비

(Shabtai Tsvi, 친애하는 다비드 바농의 표기를 따르자면)라는 가짜 메시아의 배교(이슬람 개종)로 표면화되었던 대파국 이후 다시 유태주의의 부활을 알린 계기였음을 잊어서는 안 됩니다.

특히 19세기에는 유태주의에 관심을 기울였던 이들은 기독교도나 비-기독교도들을 막론하고 거기에서 비밀스러운 교리, 유태교 신비철학이라는 단어가 구현하는 신비주의를 찾으려 하였고 그 결과 의도한 바는 아니더라도 유태인들을 흥미롭지만 다분히 불길한 신비로움의 전달자들로 만들었습니다. 그로부터 유태인들은 특이한 존재들이고 그들끼리만 이웃하여 지낼 수 있다는 편견이 도출되었습니다. 다시 그것은 단지 죽음을 기다리는 일만이 허락되었던 강제수용소의 음산한 전주곡인 모든 분리거주지역을 정당화했던 것입니다.

마르틴 부버는 감성의 고양 상태에서(물론 이성적 필요에 의해서도) 너를 향해 말하는 행위의 풍요로움과 아름다움을 발견하게 해줌으로써 나와 타자 사이 관계의 고귀함을 가르쳐 줍니다. 나로부터 '너'로의 관계는 특별합니다. 그것은 무엇보다도 나와 '그것'과의 관계와 대비됩니다. 그것은 모든 관계의 가능성에 선행하는 만남, 우리가 확신하면서도 아직 의심하는 벼락 같은 순간, 바라지도 예기치도 못한 상호성이 이루어지는 만남입니다. 그러나 이 상호성이 내가 타자와——이 타자가 타인이라면——대등할 수 없으리라는 사실을 잊게 만들지는 않는지요? 이것이 바로 레비나스가 우리에게 가르쳐 준 것입니다. 단지 지식만은 아닌 지식. 그것은 더욱 힘든 길로 우리를 인도합니다. 윤리학을 시작에, 아니 모든 시작 이전에 위치시키는 철학적 격변을 통해서만 그 길로 접어들 수 있기 때문입니다. 이리하여 우리는 이제 더 이상 우정이라는 행복하고 굳건한 대등함 속에서가 아니라 극단적인 책임감 안에서 '타인'을 발견합니다. 이 책임감 안에서 우리는 '너'와 '나' 사이의 비대칭성을 깨닫게 되고, 스스로 의무를 짊어진 자이거나 볼모로 느끼게 됩니다. 주관성의 자족성을 벗은 나 없는 '나', 자신을, 그리고 자신의 존재까지도 떨쳐 내려 노력하는 나, 순전히 개인적인 금욕을 위해서가 아니라 윤리적 의무에 합치하기 위한 노력. 그 윤리적 의무를 나는 얼굴 안에서, 형상이 아닌 비가시성 안에서, 죽음에 노출된 타자의 연약함인 얼굴의 비가시성 안에서 알아보거나 혹은 내가 타자에게 말 건네고, 그에게 호소하는 '말함' 안에서 알아봅니다. 그 '말함'은 부름이자 간청인데, 간청받는 자는 언제나 나를 넘어서, 나를 초월하고 나를 굽어보며 닿을 수 없는 곳에 있습니다.

매우 불충분한 나의 이 생각들을 장 알페렝(Jean Halpérin)의 허락을 받아 그의 말을 옮겨 적어 봄으로써 보충하고자 합니다. "레비나스가 이야기하는 것, 아니 예고하는 것은 어떤 초과, 보편적인 것을 넘어서는 것, 유태적인 것이라 할 수 있는 특수성, 그리고 아직은 더 성찰되기를 기다리는 것이다. 이런 점에서 그것은 예언적인 것이기도 하다. 언제나 이미 사유되었던 것이기에 항구불변의 사유를 넘어서는 것, 그러나 그럼에도 앞으로 다가올 사유의 책임을 지고 있는 것으로서의 유태주의, 이것이 레비나스의 '다른 철학'이 우리에게 제시하는 것이다. 책임이자 희망, 희망의 책임."

바로 이런 점들 때문에 나는 당신이 내게 답하기를 요청하는 음산한 하이데거 '논쟁'으로 돌아오기가 힘듭니다. 그와 관련된 모든 것이 혐오스러울 뿐입니다. 물론 하이데거를 문제 삼는 그 책은 불충분합니다. 그저 우리 귀가 멍해질 정도로 요란스러운 미디어들의 법석에 딱 어울리는 수준이라고 할까요. 그러나 그 소란에 우리들이 깨어난 것 역시 사실일 것입니다. 국가-사회주의에 동조한 하이데거의 책임이라는 핵심 질문이 지극히 중대한 문제를 그의 사유 자체에 대해서 지속적으로 제기하고 있다는 것은 변함없는 사실입니다. 『존재와 시간』의 저자가 공감하지 않은 상태에서, 따라서 그의 사유는 훼손당하지 않은 상태에서 역사적 정황들이 그에게 강요한 결정이었을까요? 그런데 이 핵심 쟁점에 대해서 하이데거가 이미 카를 뢰비트에게 명확히 답변을 했습니다. 1936년이었으니 그가 총장직을 사임하고 2년이 지난 후였습니다. 그의 대답은(파리아스의 책에서는 이 대답은 언급하고 있지 않습니다) 무엇이었던가 하면 "참여(Einsatz)의 바탕(die Grundlage)이었던 것, 그것은 나의 역사성 개념이다"라는 것이었습니다. 부연하자면 정치적 참여인 동시에 그 못지않게 철학적인 참여였다는 것입니다. 이 대화에서 카를 뢰비트는 그의 스승이었던 이에게 더 이상의 질문은 하지 않습니다. 하이데거 고유의 독일어 사용법에 따라 우리는 역사성이라는 것이 시간의 단순한 연속이 아니라고 추정할 수 있습니다. 그것은 운명의 부름에 대한 응답이고, 이 부름에 응하는가 그렇지 않은가에 따라서 시대의 급진적인 전환에 기여할 수도 그렇지 않을 수도 있는 것입니다. 하이데거 자신이 『슈피겔』과의 사후 유언 성격의 대담*에서 히틀러의 출현을 보며 그가 새로운 시작의 위대함과 장엄

함을 느꼈고 그것을 환영했었다고 인정합니다. 그에게 시작하는 것은 언제나 가장 중요합니다. 그것은 절대적 혁신의 분출이며 법과 기존의 가치들, 어쩌면 '신들'과 우리들의 관계를 중지시키는 중단입니다. 어떤 의미에서 그것은 사실이었습니다. 그러나 하이데거에게는 독일이 그리스적 우수성의 계승자라는 약속, 바로 그런 명분으로 독일은 어떤 희생을 치르든 세계를 제패하고 세계를 계몽하도록 부름받았다는 약속을 의미했던 이 중단은 우리들에게, 무엇보다도 유태인들에게는 모든 권리, 모든 의지 수단이 사라진 공백 기간이었습니다. 우정은 불확실한 것이 되고, 최고위직 종교 대표자들의 침묵은 우리를 어떠한 보장도 없이 단지 위협 하에 남겨 두었을 뿐 아니라, 타자의 소리 없는 부름에 마땅히 그랬어야 하는 바대로 응답하지 못했다는 불안 속에 버려 두었던 암흑 같은 공위 기간이었습니다.

이어진 재난은 하이데거에게도 충격을 주었던 것 같습니다. 강의를 재개하면서 그가 수강생들에게 묵상하러 갈 것을 권유하였다니 말입니다. 러시아인들에 의해 학대당한 독일의 전쟁포로에 관한 전시가 개막되던 시점이었습니다. 러시아와의 전쟁이 히틀러의 작품인 만큼 히틀러가 부분적으로 책임이 있는 일부 희생자들에 대한 묵상. 그러나 유태인으로 태어났다는 것 외에는 다른 잘못이 없었던 6백만 명의 유태인, 나치가 소멸시키려 했던 유태주의를 대표하

---

* 1966년 하이데거가 『슈피겔』의 루돌프 아우크슈타인, 게오르크 볼프와 가진 대담. 그의 나치협력 전력에 대한 대담에는 응하되 그 내용은 자신의 사후에 공개하라는 하이데거의 조건에 따라 1976년에 개제되었다.—옮긴이

여 희생된 이들에 대한 하이데거의 철저한 침묵. 오늘날 모 철학 박사가 우리에게 깨뜨리지 말 것을 권고하는 침묵. 아우슈비츠를 불러내어 그것을 하나의 논거, 기계적 구호로 삼지 말라는 권고. 그렇게 해서 용서할 수 없는 하이데거의 침묵을 존경할 만한 것으로 둔갑시키려는 수상한 존경심.**

우리를 끊임없이 불러 세우는 사건, 아우슈비츠는 부단한 증언을 통해 결코 잊지 말아야 한다는 영구적 의무를 우리에게 부과하는 사건임을 거듭 말할 필요가 있을까요(네, 그렇게 해야 합니다). 기억하십시오, 망각하지 않도록 유념하십시오. 그렇지만 이 충실한 '기억' 속에서도, **결코 당신은 알지 못할 것입니다.** 이처럼 강조하는 이유는 이 말이 기억될 수 없는 것, 표상 불가능한 것, 형언할 수 없는 끔찍함——그렇지만 어떻게든 또 언제이든 고통스러운, 태고의 기억처럼 아주 오래된 것이기도 한 것——과 우리를 대면시키기 때문입니다.

관련된 글을 하나 인용할까 합니다. 이 글이 영원히 아우슈비츠(홀로코스트, 집단학살, 쇼아, 명명할 수 없는 말)의 것이 될 미지의 이름을 들려주기 때문입니다. "홀로코스트, 역사의 한 시점에서 발생한, 역사의 절대적 사건, 모든 역사가 불살라지고, '의미'의 움직

** 당신의 독자들은 레비나스의 『탈무드』 독해(1967년-용서에 관한)를 기억할 것입니다. 레비나스는 거기에서 우리들이 많은 독일인들을 용서할 수 있을 것이라고, 그러나 하이데거는 안 된다고 분명히 말합니다. 그의 대가적 역량(그는 대가입니다) 때문에, 그의 '혜안' 때문에 그리고 그의 '지식' 때문이라고 했습니다. 그러나 그의 눈을 멀게 하였던 것이 그리고 그에게 모든 고백을 불가능하게 만들었던 것이 바로 그의 '지식'이었다면? 어쩌면 우리 역시 더욱 막중한 책임감을 느껴야 할 것입니다.—M. B.

임이 괴멸한 잿더미. 증여가 용서도 없이, 동의도 없이, 긍정되거나 부정될 그 무엇도 생성시키지 못한 채 소멸하여 수동성 자체의 증여, 증여될 수 없는 것의 증여가 된 잿더미. 그것을 어떻게 간직할 것인가, 생각 안에서라 할지라도, 어떻게 생각으로 하여금 홀로코스트를 간직할 수 있도록 만들 것인가? 홀로코스트 안에서 모든 것이, 지켜 주는 생각까지 포함하여 모든 것이 소실되고 말았는데." 이제 내겐 단 한마디도 덧붙일 여력이 없는 듯합니다. 오직 당신에게 내 삶의 이 비탈면에서 기꺼이 나를 맞아들여 주었음을 이 언어와 또 다른 하나의 언어로 감사드립니다.

모리스 블랑쇼

그토록 대단한 매혹의 힘을 발휘했던 하이데거의 작품을 더 깊이 분석하는 것은 여기서 내가 할 일이 아닙니다. 매혹이라는 단어가 이미 어원의 유추작용에 의하여 아마도 철학의 영역 밖으로 유도하는 언어, 필연적으로 은폐된 부정이라는 간계를 통해서만 무엇인가를 긍정할 수 있는 언어에 종속된 사유의 문제점을 부각시킵니다. 그래서 하이데거의 '담론'과는 거리가 먼 매우 저명한 한 사회학자는 다음과 같은 제언을 하기에 이릅니다. "하이데거가 했던 말을, 꼭 그렇게 말할 필요도 없었는데, 그가 말할 수 있었던 것은 아마도 하이데거 자신이 무슨 말을 하고 있는지를 결코 제대로 알지 못했기 때문일 것이다. 그가 자신의 나치 참여에 대해서 해명하기를 거부했던 것도 어쩌면 동일한 이유에서였을 것이다." (그렇지만 우리는 나치즘이 승승장구하던 시기에 그가 카를 뢰비트에게 그의 사유와 그의 급진적인 참여가 일치한다는 사실을 인정하고 주장하였음을 알고 있습니다.) "진정으로 그렇게 했다면, 그것은 본질적 사유가 결코 본질적인 것을 사유하지 않았었다는 것을, 즉 본질적 사유를 통해서 표출되는 사회적 미-사유에 대해서는 생각해 본 적이 없었다는 것을 시인하는 격이었을 터이다……." 이것이 피에르 부르디외의 결론입니다. 부르디외가 철학 활동 자체를 문제 삼으면서, 하이데거는 단지 철학의 가능성들을 (무엇보다도 표현의 가능성들을) 극단까지 밀고 갔었을 뿐이라고 말함으로써 암묵적으로 하이데거의 무죄를 옹호한다고 (하이데거를 심판하는 것을 거부한다고) 말한다면 그는 아마 인정하지 않을 것입니다.

그러나 역시 리오타르의 최근작도 읽어 보아야 합니다. 『하이데거와 '유태인'』(*Heidegger et 'les juif'*)이라는 제목인데 그는 왜 따옴표를 달아야 하는지 설명하고 있지만 그다지 설득력이 있지는 않습니다. 그는 하이데거와 청년 헤겔의 지독한 반유태주의가 대단히 유사하다는 것을 밝히고 있습니다. 하이데거의 침묵은 모든 '지식'이 존재의 진리라는 명목 하에 '타자'를 공격하는 오류를 '누설'한다고 말합니다. 마지막으로 그라넬의 경우를 보면, 그는 하이데거의 국가-사회주의에서 하이데거 자신도 미처 생각지 못했던 더 진실한, 더 위대한 하나의 '진리', 하나의 '위대함'을 도출해 내려고 시도했습니다(제자들이란 이렇습니다). 그는 우리에게 유일하게 남겨진 것은 하이데거에 대한 빚인데 그 자신도 이 부채를 상당히 소홀히 하고 있다고 말합니다. 하이데거에 대한 우리들의 빚, 우리들의 유일한 몫이란 '잊혀진 것'이 있다는 것을 잊지 않는 것, 그것을 잊게 만드는 망상 안에서 정신이 얼마나 끔찍해질 수 있는가를 잊지 않는 것이라 말합니다. '우리들의' 몫이라니, 누구의 몫을 이르는 것일까요? 생존자로 남은 이 사람-아닌-사람, 유태인이든 아니든, 여기에서 '유태인들'이라고 명명된 이들, 그들의 전-존재가 어떠한 시원적 뿌리의 진정성으로부터 기원하는 것이 아니라 최초의 기억이라는 유일한 빚짐에서 기인하는 이들. 최초의 회상, 희미한 추억, 율법의 기억. 이것은 타자에 대한 나의 책임감이 절대 완제되지 않았음을 느끼도록 배우고 행동할 시간이 허락되지 않을 때, 바로 그때에만 잊히는 것입니다. 타자에게서는 결코 여기 존재하지 않는 이, 언제나 이미 지나간 이의 흔적이 드러납니다. 아마도 신의 흔적일까요? 그러나 아우슈비츠가 그 퇴진을 각인시킨 권능과 약속과 구원의 신은 아닙니다.

그렇습니다, 글쓰기에 침묵은 필수적입니다[*]

네, 글쓰기에 침묵은 필수입니다. 왜 그럴까요? (적어도 피상적으로 이해되는) 비트겐슈타인과는 달리, 우리들이 말할 수 없는 것, 그것이야말로 글쓰기가 그 가능성과 필연성을 찾아내는 곳이라고 나는 말하고자 합니다. 역시 그런 이유로 '나' 로서의 저자는 최대한 자신을 배제하도록 해야 합니다. 그가 살아남아야 하는 것은 아닙니다. 그가 살고 있더라도 원칙적으로 그 누구도 그것을 알지 못하며 아마 그 자신도 모를 것입니다.

내가 너나하며 지내는 유일한 친구 엠마누엘 레비나스와 친교를 맺은 지 이제 거의 65년이 됩니다. 나는 그에게 모든 것이라고 할 만큼 많은 것을 빚지고 있습니다. 과분한 축복입니다.

---

[*] 『글로브』(Glove) 제44호, 1990년 2월, 72면에 게재된 친필 서한.

종교재판이 가톨릭교를 파괴했다[*]

종교재판이 가톨릭교를 파괴하였다. 조르다노 브뤼노의 처형[**]과 동시의 일이다.

책 한 권을 이유로 사형을 언도하는 것은 이슬람교를 파괴한다.

성경이 남아 있고, 글쓰기 자체를 통한 타자의 존중으로서 유태교가 남아 있다.

글 쓴다는 것, 그것은 수동성을 통해서 이미 죽음 너머에 있는 것이다. 순간이나마 타자를 찾게 만들고, 타자와의 관계 아닌 관계를 허락하는 죽음.

나는 루시디를 (남부의) 나의 집으로 초청한다. 나는 호메이니의 후손이나 후계자를 나의 집에 초대한다. 나는 그대들 둘 사이에 있

---

[*] 『라 헤글 뒤 주』(La régle du jeu) 10호, 1993년 5월, 206면에 게재된 글. 『악마의 시』 출간(1988년 9월)으로 살만 루시디는 이란의 최고 종교지도자로부터 종교칙령으로 사형을 선고받고(1989년 2월), 1998년 테헤란이 집행유예를 공식 결정할 때까지 10년간 도피생활을 했다.—옮긴이

[**] Giordano Bruno(1548~1600) ; 지구가 우주의 중심이 아니라는 '이단'을 주장한 저술 활동으로 인해서 8년간의 종교재판 끝에 화형당했다.—옮긴이

을 것이다. 코란과 함께.

코란이 말할 것입니다.

오십시오.

지켜보는 밤[*]

내가 멀리 있는 당신의 가까움을 의식(정확한 표현은 아니지만)한 것은 깨어 있는 채로 잠드는 이런 밤들이었습니다. 당신이 거기 있는 것 같았습니다. 아니, 당신이 아니라 거듭되는 이 말, "멀어집니다, 멀어집니다."

한없이 관대하고 자신에 대해서는 무심하기만 했던 로베르가 나에게 자기 이야기를 하거나 자신을 위해 말하고 있지는 않다는 것을 나는 곧 깨닫습니다. 그는 무수한 유태인학살의 현장들을 이야기합니다. (말하는 사람이 정말 그였다면) 그는 수용소를 몇 군데를 열거합니다. "들어 보세요. 이 이름들을 들어 보세요. 트레블린카, 첼므노, 벨제크, 마이다네크, 아우슈비츠, 소비보르, 비르케나우, 라벤스브루크, 다하우."

그렇지만 말하는 듯, 하지 않는 듯, 내가 묻습니다. 우리가 잊고

---

[*] 이 글은 『리뷰』 특집호와 함께 갈리마르에서 단행본으로 출간한 『로베르 앙텔므, 미출간 원고』(*Robert Antelme, Inédits, etc.*, Éditions Gallimard, 1996)에 포함되어 있다.

있나요?—"네, 당신은 잊고 있습니다. 어쩌면 당신이 기억하는 만큼 잊고 있습니다. 당신의 기억이 당신이 생활하고, 생존하고, 그리고 나를 사랑하는 것까지도 방해하지 않습니다. 그러나 사람들은 죽은 자를 사랑하지 않습니다. 의미, 의미의 불가능성, 비-존재 그리고 비-존재의 불가능성이 당신을 벗어나는 일이기 때문입니다."

이 글을 다시 읽는 순간, 이미 로베르 앙텔므는 멀리 사라졌음을

---

* 로베르 앙텔므(1917~1990)에게 바친 이 글은 대단히 중요하며 상징적인 글이다. 『정치평론』의 모든 글이 블랑쇼와 로베르 앙텔므의 만남에서 나왔다고 말할 수도 있기 때문이다. 1943년 앙텔므는 부인 마르그리트 뒤라스, 마스콜로 등과 함께 전 프랑스 대통령 프랑수아 미테랑이 이끄는 레지스탕스 그룹에 들어가서 활동을 시작하였는데, 1944년에 체포되어 독일의 강제수용소(부헨발트, 다하우)에 수감되었다. 1년 동안의 강제노역과 티푸스 감염으로 죽음의 문턱을 헤매던 그는 미테랑에 의해 구출되어 파리로 돌아왔다. 돌아온 그가 제일 먼저 하기를 원했던 것은 말하는 것, 구체적으로 수용소의 체험을 말하는 것이었다. 동시에 그가 깨달은 것은 그것이 결코 말로 할 수 없는 것이라는 사실이었다. 이렇게 반드시 해야 하는, 그러나 할 수 없는 말의 기록이 앙텔므의 유일한 책 『인류』(L'espèce humaine)이다. 『인류』는 1947년에 뒤라스와 앙텔므가 설립한 작은 출판사에서 나왔지만 주목을 받지 못했고—이 책은 그들이 만든 세번째이자 마지막 책이었다—1957년 갈리마르 출판사에서 다시 출간되어 20세기 문학의 한 기념비로 남게 되었다. 블랑쇼는 이 책에 대해 "가장 단순하고 순수하며, 모두가 기억해야 하는 절대에 근접한" 작품이라고 말한다. 『인류』의 결론은 단 하나인데 그것은 인류는 모두 하나라는 진실이다. 수용소의 게슈타포들은 끊임없이 수감자들을 비인간화하고 수감자들이 그들과 같은 인간이라는 사실을 부정하려 했지만 거기에 맞서서 앙텔므가 지켜 낸 것은 '끝내 파괴할 수 없는 인간성'이라는 진실이었다. 앙텔므는 말한다. "그들은 우리를 죽일 수는 있다. 그러나 우리를 인간이 아닌 다른 것으로 바꿀 수는 없었다." 돌아온 앙텔므의 수용소 이야기를 들은 마스콜로는 "앙텔므가 우리에게 전하는 그곳의 이야기는, 우리들을 그곳으로 던져 넣었고 우리는 결코 그곳으로부터 빠져나올 수 없었다. 앙텔므는 돌아왔지만 그의 귀환은 우리를 수용소로 옮겨 놓았고 우리는 영원히 상상 속의 유태인-되기를 멈출 수 없었다." 마스콜로에게나 마찬가지로 블랑쇼에게도 앙텔므는 영원히 '아우슈비츠'를 기억할 것을 명하는 상징으로 남았다. 앙텔므의 수용소 체험에 대한 공유가 없었다면 치열한 반식민지주의 운동가 마스콜로도 없었을지 모른다. 마스콜로의 『7월 14일』이나 그가 주도한 「121인 선언문」이 없었다면 블랑쇼의 정치참여도 다른 양상을 띠었을 것이다. 『정치평론』의 첫 글이 마스콜로 책의 서평이고 마지막 글이 앙텔므에 대한 추모의 글인 것은 블랑쇼의 정치참여에서 마스콜로와 앙텔므가 가지는 상징적 의미와 일치하는 것이다. —옮긴이

나는 알고 있습니다. 비할 바 없는 친구. 그는 정말 소탈했지만, 위대한 사상가들도 알지 못했던 것을 알았던 까닭에 진정 풍요로운 존재였습니다. 집단 체험이었다고 하지만 그가 감당해야 했던 굴종의 경험 속에서, 그는 자신을 억압한 자들까지도 배제시키지 않는 인류 공통의 진리를 지켜 냈습니다.

그러나 그것만이 아니었습니다. 그가 수용소 보건병동으로 보러 갔던 동료(K.), 여전히 살아 있었지만 알아볼 수 없었던 그 동료의 모습을 본 후, 그는 삶 안에도 무(無)가 있다는 것, 그 접근을 인정해야 하지만 동시에 경계해야 할 깊고도 깊은 공허가 있다는 것을 이해했습니다. 우리는 이 공허와 더불어 사는 법을 배워야 합니다. 우리는 공허함 속에서도 충만함을 지켜 갈 것입니다.

로베르, 바로 이런 이유로 나는 여전히 당신 곁에 함께합니다. 당신이 내게로 와 '지켜보는 밤'은 환상, 모든 것이 스러져 갈 환상이 아니라, 다가오는 소멸을 감지하면서도 당신을 살아 있게 만들 나의 권리입니다.

1993년 11월

부록

———

열림과 소통을 위한 거부와 혁명의 정치사상

모리스 블랑쇼는 20세기를 온전히 살다 간 작가이다. 1907년에서 2003년이라는 그의 생존 시기만을 말하는 것이 아니다. 국가전체주의, 나치즘과 유태인 학살, 탈식민주의, 공산주의 혁명과 실패라는 20세기의 역사적 사건들이 그의 삶에 결정적 영향을 미쳤기 때문이며, 그 자신 또한 이 시대적 흐름의 심층을 규명하고 저항하며 변혁의 가능성을 모색하기를 멈추지 않았기 때문이다. 블랑쇼가 '세상'과 유지했던 거리 때문에 은둔하는 작가로 알려지기도 했지만 이젠 20세기 프랑스 지식인의 현실 참여적 흐름 안에 블랑쇼를 재위치시키는 작업이 필요하다. 그는 현실에 밀착하는 것이 아니라 현실에서 물러섬으로써 확보한 거리를 참여의 필요조건으로 생각하는 독특한 참여의 방식을 실천하였다. 『정치평론 1953~1993』(이하 『정치평론』)은 문학적 평가 뒤에 가려졌던 블랑쇼의 정치적 열정을 확인시켜 주는 동시에 문학·정치·철학적 관심이 합류하는 한 지점으로서 타자 혹은 소통의 문제를 제기한다.

『정치평론』에 실린 모리스 블랑쇼의 글들은 시기적으로 1958년에서 1968년 사이, 그리고 1987년 전후로 집중되어 있다. 알제리전쟁(1954~1962년), 68년 5월 혁명 그리고 1980년대의 '하이데거 사건'을 둘러싼 논쟁이라는 구체적 상황에 직면하여 써낸 글들이기 때문이다. '하이데거 사건'은 사실은 1933~1934년, 히틀러 치하에서 프라이부르크 대학교 총장직을 맡았던 하이데거의 나치 전력에 대한 논란이었다. 지식인의 책임과 반유태주의의 문제는 반세기의 세월 속에 묻어 버릴 수 있는 것이 아님을 다시 한 번 일깨운 것이다. 1930년대 극우파 정치 기자로 활약했던 블랑쇼는 이 문제에 대해서 순수한 구경꾼일 수도 담담한 판관일 수도 없다. 하이데거 사건에 대한 그의 발언에는 끝내 과오를 인정하지 않았던 하이데거를 향한, 파괴적 본질을 드러낸 서구의 사유체계를 향한 비판과 경고가 담겨 있지만 그것은 자신의 과거 사상에 대한 각성을 바탕으로 한 것이다. 이 중층성을 해석하는 관점에 따라 블랑쇼의 정치적 글에 대한 평가가 갈린다. 30년대의 극우에서 60년대 급진 좌파로 이동한 블랑쇼의 정치적 전환이 논쟁의 불씨를 품고 있는 것은 사실이다. 하이데거 사건이 쟁점화되었던 80년대는 블랑쇼의 30년대 행적을 문제 삼는 글이 나오기 시작하는 시기와도 일치한다. 제5장에 실린 하이데거에 관한 두 편의 글을 우리가 블랑쇼의 경우와 겹쳐 읽어 보며 근본적 차이점을 가려 보아야 할 이유가 거기에 있다.

　『정치평론』에는 1950년대 후반의 프랑스와 알제리, 베를린 장벽이 세워지던 1961년의 독일, 1968년 5월 학생 운동이 뒤흔든 파리, 같은 해 봄의 프라하, 그해 8월 소련군의 탱크가 진주한 프라하의 정치적 사건들에 대한 남다른 통찰이 있다. 전후 프랑스 최고의 선언문이라는 1960년의 「알제리전쟁에서의 불복종의 권리선언」이 『정치평론』에 실려 있으며, 1968년 5월 학생들이 점거한 소르본과 대학가에 뿌려진 전단들, '학생-작가 행동위원회'의 회보도 포함되어 있다. 비유하자면 프랑스 현대사에 몰아친 두 개의 대형 태풍인 알제리전쟁과 68혁명, 그 태풍의 눈이 이 작은 책 속에 들어 있는 셈이다. 국가권력과 제도의 폭력성, 혁명과 법, 혁명과 문학의 관계가 이 '태풍의 눈'이 주시하는 지점이다.

'거부', '불복종의 권리'

1958년, 블랑쇼는 20년 동안의 정치적 침묵을 깨고 잡지 『7월 14일』에 「거부」라는 글을 게재한다. 거부할 수밖에 없는 정치적 사건이 일어났으며, "더 이상의 묵인이 불가능한 지점까지 밀려 왔다"는 인식 때문이었다. 군부의 쿠데타적 지원을 받아 집권한 드골 장군이 문제였다. 드골이 정치인으로서가 아니라 구원자로 추앙받으면서 정권은 종교화하고, 동시에 군부는 정치권력으로 변질되는 상황을 블랑쇼는 본질적 도착증(倒錯症)이라 부른다. 프랑스 구국의 영웅인 드골의 복귀에 반대하여 거부를 표명하는 일은 결코 쉽지 않다. 표면적 해결책, 단기적 이익이 가능해 보일지라도 "본질적인 것을 배반하면서는 그 무엇도 구원할 수 없다"는 것을 인정하는 것 또한 쉬운 일은 아니다. 그러나 군부가 실세화하고 지도자는 구세주로 나서는 그 상황에서 파시즘의 전조를 감지하는 블랑쇼에게 그 순간은 더 이상의 동의나 무관심이 불가능한 한계상황, '아니오' 라

고 말해야 하는 순간이다. '거부'는 양보할 수 없는 정치적 권리이
자 지식인의 책무이다. 블랑쇼에 의하면 세상에 대해 관심과 거리
를 동시에 유지하며 그렇게 확보된 거리를 전망대 삼아, "자신에 대
한 근심보다는 다른 이들에 대한 근심"을 가지고 세상을 주시하는
역할을 하는 사람이 지식인이다. 따라서 지식인은 정치권력을 행사
하거나 정치행위에 직접 관계하지 않을수록 더욱 강력한 행동력과
거부의 힘을 발휘할 수 있는 것이다.

1960년 프랑스가 알제리와 벌이던 식민지전쟁의 와중에 나온
「알제리전쟁에서의 불복종의 권리선언」(이하 「선언」)은 지식인들이
거부의 책임감을 천명한 사건이다. 블랑쇼는 선언문의 공동저자들
중의 한 명인데 특히 '불복종의 권리선언'을 표제로 뽑아내어 선언
의 핵심내용을 부각시키고 선언문의 최종 형태를 부여하는 데 결정
적으로 기여하였다. 우리가 새겨보아야 할 점은 불복종의 의무가
아니라 불복종의 권리를 선언했다는 것인데, 맹목적 수행이 가능한
의무와 달리 권리는 개인의 자유로운 결단에 달린 것이기 때문이
다. 권리는 인간을 자신의 존엄성과 대면시키고 "자신을 위해서 자
신에 대해 책임지게 하는 자유로운 힘이기 때문에" 더욱 근본적이
다. 「선언」은 또한 억압받지 않을 권리가 아니라, 억압하지 않을 권
리를 천명했다는 점에서도 이정표적 사건이다. "소위 국가적 필요
라는 것에 반할지언정 비인간적이지 않을 것과 억압자가 되지 않을
것"을 인간의 권리로 선포한 것이다. 우리는 이것을 '아우슈비츠 이
후'의 의식이라고 부를 수 있는데, 블랑쇼에게 아우슈비츠는 "맹목
적 이데올로기로서 애국심의 종말"을 의미하기 때문이다. "정당하

든 부당하든 간에 조국에 봉사하기를 권고하는 원칙은 집단학살 수용소에 묻혔다. 비이성적 복종보다 이성적 불복종을 택하지 못했던 이들에게 죽임을 당한 유태인 희생자들과 함께 맹목적 애국심도 종말을 맞아야 했다."

아우슈비츠는 블랑쇼에게 절대적 분계선이다. 그 이전과 그 이후가 있을 뿐이다. "다시는 아우슈비츠와 같은 일이 반복되지 않도록 생각하고 행동할 것", 이것은 생애 마지막까지 그가 저버리지 않은 원칙이 되었다. 유태인으로 태어났다는 사실만으로 수백만이 죽어야 했던 역사적 사건 앞에서 그 사건의 본질을 외면하는 것이 가능한가? 유태인 학살은 뿌리를 통한 특권화 혹은 치별화의 논리가 부른 참극이다. 집단의 뿌리에 신화적 특권을 부여함으로써 막강한 통합력을 발휘하는 애국주의와 국가주의는 타자를 차별하기 위한 동일자들의 통합이라는 점에서 위험하고 혐오스러운 것이다. 그 차별적 논리가 생존의 권리까지 차등화하면서 집단학살의 참극을 불렀지만, 식민지 알제리에 대한 프랑스의 차별이나 남아프리카공화국의 흑백분리정책 모두 타자에 대한 집단적 차별이라는 점에서는 나치즘의 본질을 공유한다. "유태인 집단학살은 서구를 향해, 바로 그 서구의 본질을 폭로한 사건"이라는 단언은 블랑쇼에게는 그것이 '나'를 향해 '나'의 본질을 폭로한 사건임을 의미한다. 요컨대 '타자'와 관계 맺지 못하는 '주체'의 문제, 이것이 1930년대 블랑쇼 자신의 문제였으며 아우슈비츠가 노정한 서구의 본질이었다.

30년대 블랑쇼는 무엇보다도 프랑스적 가치를 되살리고 프랑스의 영광을 되찾기 위해 펜을 사용했다. 1936년 좌파연합정권으로 탄생한 '인민전선'(Le Front Populaire)의 레옹 블룸(Léon Blum) 수상에게 반유태주의 발언을 서슴지 않았던 것도, 국가 정체성을 약화시키는 국제공산주의 운동을 혐오하였던 것도 모두 프랑스 전통의 가치를 수호하려는 애국심 때문이었음을 그는 누구보다도 잘 알고 있다. 국민적 혁명, 정신적 테러를 동원해서라도 이방의 가치인 공산주의와 유태인이 지배하는 프랑스를 정화해야 한다는 과격한 주장도 마다하지 않던 블랑쇼는 1938년 이후 일체의 정치적 발언을 접었다. 더 이상 극우 신문의 정치·외교 면에서 블랑쇼의 글을 읽을 수는 없었다. 1938년 9월 뮌헨협약이 기점이 된 것이다. 독일·체코 접경지역의 영토문제를 놓고 영국·프랑스·독일·이탈리아가 맺은 이 협약은 프랑스를 기준으로 보면 독일과의 전쟁을 피하기 위해 동맹관계에 있던 체코슬로바키아를 저버린 결정이었다. 블랑쇼는 독일의 전쟁 야욕이 명백한데도 미봉책으로 일관하면서 독일에게 전쟁준비를 완료할 시간을 주는 프랑스의 정책을 비겁할 뿐더러 매국적이라고 맹비난하는 기사들을 써 왔던 터였다. 이때가 독일의 폴란드 침공으로 2차세계대전이 공식 발발하기 1년 전이었다. 블랑쇼의 극우적 발언은 무엇보다도 독일에 반대하여 프랑스를 지키기 위한 것이었다는 점, 2차세계대전 이전의 일이었다는 점에서 나치부역에 연루된 극우와는 구별된다.

'아우슈비츠 이후' 블랑쇼가 다시 정치적 글을 쓴다면 무엇을 위한 것이겠는가. 모든 사회적 통합 장치 뒤에 숨어 있는 배제와 억압의 위험성을 경계하고, 자폐적 주체의 한계를 허물어 소통의 가능성을 열기 위한 것일 수밖에 없을 것이다. 그의 정치적 입장이 극우 시절의 대척점으로 이동한 것, 국가주의에서 국제주의로, 반유태주의에서 유태주의로 옮겨 간 것은 오히려 당연한 귀결로 보인다. 무엇보다도 중요한 것은 그의 입장 변화가 하루아침의 선언으로 이루어진 것이 아니라는 사실이다. 단지 막간과 같은 20년의 침묵이 가로놓여 있다는 것도 아니다.『정치평론』에 실린 그의 글은 침묵의 20년 동안 그가 통과한 '문학의 공간'이 없었다면 결코 나올 수 없는 글이라는 점을 주목해야 한다.

물론 그의 정치적 변신을 이렇게 내적 필연성의 생성적 변화로 보는 것이 유일한 시각은 아니다. 1930년대나 1960년대나 본질적으로 그는 달라진 것이 없다고 비판하는 관점도 있다. 극우든 극좌든 그 극단성은 변함이 없는데 바로 그것이 블랑쇼의 정치적 본색이며 그의 문학도 수상쩍다는 것이다. 두번째는 블랑쇼의 문학적 성과는 인정하지만 그것이 정치적 오류를 배제하지는 않는다는 주장으로, 그의 정치적 견해와 문학은 별개라는 생각이다. 이것은 블랑쇼에게 있어서 정치적인 것과 문학적인 것의 순서를 고려하지 않은 관점이다. 30년대 그는 정치·외교 분야의 저널리스트였다. 약 10여 개 일간·주간·월간 극우 매체에 글을 쓰던 당시에도 작가소개나 서평을 싣는 등 문학적 글쓰기를 병행하고 있었지만, 인정받은 작가라고 할 수는 없었다. 정치적 언론 활동을 완전히 접은 후 그는 문학에 전념하였다. 그리고 문학 안에서 단순한 도피처나 방패막이가 아니라 자신과 서구의 자아 중심적 독단과 폐색에 대한 진정한 치유책, 혹은 해독제를 찾아낸다. 블랑쇼의 문학적 주제들은 이렇게 추출된 것이며『정치평론』에 실린 글들은 이 주제들의 정치적 표현이다. 우리가 블랑쇼에게서 읽어야 하는 것은 문학과 정치의 깊은 상관성이며 이것은 두 영역이 공유하는 핵심주제를 통해서 확인된다.

익명성, 비인칭성

'자아의 감옥'에서 벗어난 존재에게 새롭게 열린 세계와 관계, 이것이 블랑쇼의 글이 가리키는 지점이다. 새롭게 찾은——버린 자아의 눈에 펼쳐지는——사라지는 세계, 서구를 옭죄던 '개인적·집단적 환상의 그물'이 풀어지고 규범처럼 우러르던 길잡이 별들이 사라지면서 되돌아온 태초의 공간, 이것이 블랑쇼가 열어 놓은 문학의 공간이다. 전체적 사유의 '바깥', 뿌리를 벗어나려는 탈향(脫鄉)인 동시에 제시된 틀과 방향을 벗어나는 탈향(脫向), 분화되고 확정되기 이전의 상태를 가리키는 '중성적인 것'이 집중적으로 사유되고 표현되는 블랑쇼의 문학은 존재의 비인칭적·익명적 바탕을 문학의 지형도 안에 그려 넣으려는 시도이다. 존재의 익명적 바탕이란 모든 존재가 너/나 없이 속해 있는 무차별, 미분화의 공간이며, 물론 배타적 주체가 확립되기 이전의 존재 상태이다. 그에게 정치란 이 익명적 바탕의 목소리를 현실에 도입하려는 결단이다.

블랑쇼가 '거부'를 근본적이며 최종적인 정치적 권리로 간주하는 까닭은 그 거부가 익명적 바탕에서 나오는 것이기 때문이다. "거부하기란 결코 쉽지 않으며, 우리는 거부하는 법, 거부의 힘을 온전히 지켜 나가는 법을 배워야 한다"고 힘주어 말하는 것도 같은 맥락이다. 거부는 "오만함이나 도취감에 의해서가 아니라 최대한 익명의 움직임에 의한 것"이어야 하며, "거부의 참된 힘은 우리들에 의해, 우리들만의 이름으로 완수되는 것이 아니라 본래 목소리를 낼 수 없는 이들에게 속한 매우 빈약한 시작에서 출발하여 완수되는 것"임을 강조하는 것도 거부의 익명적 바탕을 상기시키기 위함이다. 「알제리전쟁에서의 불복종의 권리선언」에서도 "마치 익명으로 말하듯" 해야 함이 중요한 이유는 억압자가 되기를 거부할 권리는 모든 인류가 공유하는 존재의 비인칭적 바탕으로부터 나와야 하는 것이기 때문이다.

「선언」은 현실에 강력한 파장을 불러일으켰으며 선언에 참여한 지식인들에게도 새로운 전망을 열어 주었다. 지식인들은 그들의 사회적 책무와 그들의 말이 지니는 '결단의 힘'을 재인식하게 되었는데, 누구보다도 블랑쇼는 「선언」이 "출발점의 진실"을 지닌다고 믿었다. 「선언」을 통해서 "힘없는 힘", '비인칭적 힘'이라는 독창적 가능성들이 표출되었고 그 가능성은 더욱 확장된 참여의 출발점이 될 때 비로소 진정한 의미를 가질 수 있다는 것이 블랑쇼의 생각이었다. "힘없는 힘"이나 '비인칭적 힘'은 모든 것을 허무는 힘이지만 권력화하지 않으며, 특정 주체에 귀속되지 않는 문학 언어의 힘을 일컫는 말로서, 블랑쇼에게 새로운 정치 참여의 가능성은 문학적 힘이 정치와 만나는 지점에서 생성된다는 것을 확인시켜 주는 대목이다.

이 새로운 참여의 가능성에 대한 그의 믿음이 얼마나 '실제적인 것'이었는지는 「선언」에 이은 약 3년간 '실제로' 그가 열성적으로 주도하였던 '국제잡지' 기획에서 읽어 볼 수 있다. "근본적으로 새로운 역사적 사건들에 언어를 통해서 응답할 수 있는 가능성"에 고무된 그는 그 가능성을 실현하기 위해, 즉 '언어'를 통해 '역사'에 답하기 위해서 국제잡지를 구상하였다. 프랑스·이탈리아·독일 작가들과 함께 그는 "집단 가능성으로서의 잡지", "저자와 독자의 중간적 위상"을 가지고 참가하여 공동으로 쓰고 읽으면서 각자가 가진 사유의 한계를 넘어 새로운 사유를 도출할 수 있는 잡지를 꿈꾸었다. 저자의 특권을 배제한 익명적 글쓰기라는 블랑쇼의 구상은 그 내용과 형태의 급진성 때문에 결국은 좌초하고 말았다. 그들이 3년 넘게 주고받은 기획안과 초안을 포함한 자료들은 1964년 이탈리아 잡지 『일 메나보 특별호』(*Il Menabò-Gulliver*)로, 1990년에는 프랑스 잡지 『리뉴』(*Lignes*)의 특집기획으로 소개되었다. 창간호도 내지 못한 잡지의 초안과 기획안에는 사르트르의 참여문학과는 다른 '우회적 참여'로서의 글쓰기, 문학과 정치의 관계, 글쓰기의 국제 공동체에 대한 블랑쇼의 구상이 가감 없이 담겨 있다.

실현되지 않은 꿈의 기록, 1960년대 블랑쇼의 강박과 열망의 목록으로 남게 된 기획안은 비인칭성·비확정성·불연속성·파편적인 것에 대한 추구와 같은 탈현대의 주요 주제들을 집약하고 있다. 2000년에나 실현된 인터넷상의 위키피디아와 같은 집단지성적 글쓰기를 1960년대에 꿈꾼 블랑쇼는 시대를 앞선 작가이기도 하지만 이미 언급한 바와 같이 그를 움직이는 원칙은 단 하나, "다시는 아우슈비츠와 같은 일이 반복되지 않도록 생각하고 행동할 것"이라는, 과거 역사로부터 얻은 경고였다. 그 점에서 그는 과거에 대한 투철한 반성이 미래를 선취하는 길임을 보여 준 작가이다. 블랑쇼가 탈현대적 사유의 원천으로서 바르트, 푸코, 데리다와 같은 사상가들에게 저자의 죽음, 역사에서 배제된 것들에 대한 인식, 의미의 비확정성과 끊임없는 연기 등에 대한 창조적 자극을 제공할 수 있었던 것은 그만큼 그가 현대의 모순에 철저하게 부딪혔기 때문이다. 현대의 모순이란 물론 아우슈비츠가 참담하게 상징하는 전체주의적 사고의 폐단을 말한다.

전체주의에 대한 항체 : '바깥' 과 '조각' 의 사유

익명성, 비인칭성, 불가능성, 단절, 불연속성과 파편적인 것에 대한 추구, 전체를 넘어서는 것, "전체의 바깥에 있는 것"에 대한 관심, 터전과 뿌리로부터 벗어남. 이 모든 것이 주체·이성·국가의 전체주의적 통합에 균열을 가한다는 점에서 일맥상통하는 블랑쇼의 주제들이다. 압축적으로 말하면 블랑쇼는 문학의 공간에서 통합적 체제에 길항하며 열림과 균열을 작동시키는 '바깥' 과 '조각' 의 사유를 찾아낸다. 달성과 성취, 구축과 완성을 지향하는 현실의 다른 영역들과 달리 문학은 부단히 단절과 불연속성, 무위(無爲)와 불가능성을 환기시킨다. 현재의 토대를 흔들고, 경계를 허물고, 전체를 무너뜨리는 말, 전체주의적 사고의 상극인 '조각의 사유' 의 생성지대로서 문학은 언제나 혁명적 공간이다.

1960년대 초, 국제잡지 기획에서 블랑쇼는 글쓰기에 있어서 "조각이라는 의도적 선택"이 뜻하는 바를 명시한다. 잡지기획의 실현

여부와 관계없이 그것은 블랑쇼의 선택이 되었다. 1960년대 이후 블랑쇼 글의 형태적 특징인 단상(조각, le fragment)은 "조각으로 (fragmentairement)" 사유하고, "조각으로" 표현한 '조각의 시학' 의 정점을 보여 준다. 완결성을 배제하는 것이 조각의 본질이라는 점에서 지극히 모순적인 표현이지만 블랑쇼의 문학은 '조각'으로 '완결' 되었다. 모든 진정한 문학은 길이와 무관하게 조각이라고 블 랑쇼는 말한다. 문학의 언어는 전체를 구축하지 않으며, 통일성만 을 유일한 가치로 추구하는 사고방식으로부터 사유를 해방시키며, "본질적인 불연속성을 요구하는 말"인 까닭이다. 조각, 혹은 문학은 의미의 확정성과 독점을 주장하지 않는다. 조각으로 생각한다는 것 은 "의미와 의미의 전체가 우리들과 우리의 글 안에 즉각적으로 존 재하는 것이 아니라 여전히 다가와야 할 미래의 것이라는 사실"을 받아들이는 것이며, "우리는 그 의미를 생성으로서 그리고 질문의 미래로서만 포착한다는 사실"을 인정하는 것이다.

'바깥' · '조각'과 함께 나타나는 블랑쇼 글쓰기의 고유한 리듬은 반복이다. 조각은 "우리 언어와 사유의 깊은 모자람", 다 말할 수 없 음, 끝내 도달할 수 없음이라는 불가능성을 드러내는 방식이기 때 문에 끝없는 반복과 무한한 재시작을 요구한다. 반복은 매우 근원 적인 어떤 불가능성과 연관되어 있는 것이다. 블랑쇼의 글이 '조각' 의 형태로 반복의 리듬을 통해서 도달하려는 '바깥'은 원초적 불가 능성의 공간이다. 원초적 불가능성은 모든 가능성의 바탕에 있는 것, 삶의 바탕으로서의 죽음, 법이나 질서 이전의 혼돈, 주체 이전 의 익명성, 의미 이전의 무의미가 속해 있는 영역이다. 이 원초적 불가능성이야말로 모든 가능성의 급소이며 폐부이다.

정치영역에서 대규모 시위 군중의 물결은 원초적 불가능성이 무엇인지를 보여 준다. 그들은 무언가를 행하기 위한 가능성으로서의 권력이 아니라, 아무것도 하지 않는 무한한 위력, "그 어디에도 위치하지 않고, 위치시킬 수도 없는" "힘 아닌 힘", 즉 원초적 불가능성이다. 소속도 지휘체계도 없이, 어디로부터인지도 모르게 모여들어 제어할 수 없는 힘의 원형으로 존재하다가 어디론가 흩어져 버리는 민중들의 존재. 그것이야말로 모든 권력의 원형이자 바탕이 아니라고 누가 말할 수 있겠는가. 정치가 자신의 뿌리인 '힘없는 민중의 힘', 그 원초적 불가능성을 망각할 때, 거부의 목소리로 그것을 상기시키는 것이 지식인의 몫이다. 원초적 불가능성은 언제나 문학에서 살아 숨 쉬고 있는 힘이라는 점에서 문학의 힘으로 정치의 막힘을 열어 보려는 열망이 블랑쇼의 정치 참여를 특징짓는다고 할 수 있다.

68년 5월 혁명, "우리는 누구나 독일 유태인이다"

"작가는 혁명 안에서 자신의 모습을 본다. 작가는 혁명에 매료되는데 왜냐하면 혁명이란 문학이 역사가 되는 순간이기 때문이다. 혁명은 문학의 진실이다. 글 쓰고 있다는 사실만으로, '나는 혁명이다, 오직 자유만이 나를 글 쓰게 한다', 라고 생각하지 않는 작가는 실상은 글을 쓰는 것이 아니다." 1948년, 블랑쇼가 쓴 「문학과 죽음의 권리」의 한 대목이다. 사드를 언급하는 이 글은 물론 정치참여를 위한 글이 아니다. 정치적 침묵의 한가운데서 그가 문학에 내장된 '바깥'의 특성, 반-체제적 본질을 확인하던 시절의 문학론이다. 그런데 68년 5월은 그의 문학론이 혁명에 부여해 온 의미가 현실에서 완벽하게 실현된 순간이었다.

모든 것을 말할 자유, 폭발적 소통으로서의 혁명이 5월 혁명의 특징이었다. 1789년 프랑스대혁명 때 바스티유를 점거했다면 68년 5월 혁명에서는 '말'을 점거했다고들 하였다. 두 달 동안 프랑스 사회를 마비시켰고, 모든 정통성을 순간 해체시켰다. 5월 혁명으로 드골 정권이 바로 교체되지는 않았다는 이유, 사회는 다시 제자리로 돌아왔고 가시적 변화가 크지 않았다는 이유로 그것이 문화적 혁명일 뿐이었다거나 실패한 혁명이었다는 평가도 있다. 현재도 68년 5월에 대한 평가는 역사의 주도권 다툼의 일환으로 여전히 진행 중이다.

그러나 블랑쇼에게 68년 5월은 완벽한 혁명이었다. 내리치는 벼락처럼 이전과 이후를 가르고 아무것도 남기지 않은 운동. 5월은 "역사의 두 시기가 아니라, 역사와 더 이상 역사에 직접 속하지 않는 가능성 사이를 갈라놓았다." 기존의 권력을 무너뜨리고 새로운 권력을 세우는 혁명은 역사의 두 시기를 구분하는 정치 혁명이다. 그러나 5월은 역사에 속하지 않는 그 무엇, 역사의 무의식 혹은 원초적 불가능성을 분출시켜 "절대적 불연속의 결정"으로 권력의 개념 자체를 와해시킨 혁명이었다. 블랑쇼에게 혁명적 상황은 새로운 권력기구의 대두가 아니라 모든 틀과 기준이 사라진 단절의 순간, "한순간 되찾은 역사의 공백상태", "한순간의 순수함, 멈춘 역사",

바로 그것이다.

삶의 전 영역을 빈틈없이 규범화하던 법과 제도가 단숨에 무너지면서 드러난 5월의 "공백상태"는 "문화 이전"의 야만이 아니라 "문화 너머의 한 지점"을 보여 주었다. 그 절대적 단절의 순간에 거리는 다시 깨어나 "최고주권적 언어"를 말하는 "모든 자유가 가능한 공간"이 되었다. 5월 혁명은 법과 권력이 존재할 필연성이 아니라 오히려 그것들이 사라진 순간의 가능성들을 보여 주었다는 점에서 "당국·권력·법에 대한 최대의 도발이다."

5월은 블랑쇼의 문학이 그려 온 '바깥'이 모습을 드러낸 순간이며, 5월에 터져 나온 말들은 "담론과 문화의 바깥에 위치하는 언어", "담론을 벗어나는 말들"이다. 5월의 말들은 그래서 책 안에 기입되는 것이 아니다. "책이란 열린 채로도 종결을 지향하는 억압의 세련된 형태"이며 '역사'와 담론에 속하는 것이다. 혁명은 역사의 중단을 의미하며 곧 책의 중단을 의미한다. 『정치평론』 4장에 실린 글들은 전단과 회보의 형식으로 배포된 것이다. 이 글들은 익명으로 세상에 나왔으며 이후 블랑쇼는 자신의 어떤 책에도 이 글들을 포함시키지 않았다. 모두에게 너무도 공동적인 말이어서 저자의 이름이 필요 없는 글들, 책에 갇힌 말이 아니라 '거리의 말'이 되어 손에서 손으로 전해지다가 사라지기를 원했던 글들을 지금 우리는 책으로 엮어 내지만, 블랑쇼의 정치적 글들이 가지는 '거부의 힘'마저 가두지는 않아야 할 것이다.

블랑쇼가 말하는 '거부'는 이미 제시된 긍정에 대한 부정이 아니라 긍정의 바탕이 되는 부정, '긍정하는 거부'이다. 이 거부의 힘을 가장 잘 보여 주는 "최고의 폭력"을 블랑쇼는 "우리는 누구나 독일 유태인이다"라는 학생들의 비폭력적 외침에서 찾아낸다. 당국에 의해 프랑스 입국을 금지당한 5월 혁명의 주도자, 유태계 독일 국적의 프랑스 대학생, 콘-벤디트를 위해 수천 명의 학생과 노동자들이 함께 외친 그 말이야말로 블랑쇼에게는 "최초의 말, 경계를 열고 무너뜨리는 말, 미래를 열어젖히고 뒤흔든 말"이었다. 거부의 힘은 경계를 열고 무너뜨리는 말의 힘을 의미하는 것이다. 그리하여 우리가 깨닫게 되는 것은 거부와 불연속성을 끊임없이 강조하는 블랑쇼의 사유가 지닌 무한한 열림과 긍정의 힘이다. 동시에 그의 글이 고발하는 것은 통합과 화합을 과시적으로 강조하는 거의 모든 사상들이 숨기고 있는 차별적 폭력성이다. 그가 「알제리전쟁에서의 불복종의 권리선언」을 선언하든, 넬슨 만델라에 헌정된 책에 글을 싣든, 그것은 차별이 부른 학살의 현장, 아우슈비츠를 기억할 의무를 상기하는 것과 다를 바 없다. 인류는 모두 하나이며 "자유인"이라는 이름을 가질 뿐이기에 사실에 반하는 모든 차별적 경계를 허무는 일이 결국 그의 글쓰기의 지향점이었음은 블랑쇼의 삶 전체, 그의 글 전체를 조망할 때 더욱 선연히 드러난다.

『정치평론』은 매우 특별한 책이다. 우선은 블랑쇼의 정치적 글이라는 점에서 그렇다. 그러나 그에게 정치가 얼마나 근본적인 관심 영역이었는지를 그의 삶, 그의 문학과 관련하여 살펴본 지금, 이제 우리는 단지 블랑쇼의 정치적 글이라는 이유만으로 이 책이 특별하다고 말할 필요는 없게 되었다. 그렇지만 여전히 조심스러운 것은 『정치평론』이 블랑쇼가 직접 책으로 펴낸 것이 아니라는 점이다. 저자가 명시된 완결된 책 안에 정치적 글들을 포함시킬 수 없다는 생각 때문이었을 것이다(예외적으로 「공산주의의 한 연구에 대하여」, 「거부」, 「마르크스 읽기」는 『우정』(L'Amitié, 1971)에 수록되었다. 사실 1953년에 쓴 「공산주의의 한 연구에 대하여」는 서평이라는 점에서 본격적인 정치 참여적 글로는 보기 힘든 측면이 있다). 정치적 글이 공동적, 나아가 익명적 목소리여야 한다는 생각은 블랑쇼에게 그토록 실제적이고 절실한 것이었다. 그런 점에서 어떤 "움직임을 위해, 함께 모여, 공동의 목소리를 내도록 허락하는 잡지라는 형태는" 블랑쇼의 정치적 글들이 존재하는 데 결정적인 역할을 하였다. 세 권을 펴낸 『7월 14일』(1958), 기획에 머문 『국제잡지』(La Revue internationale, 1960~1964), 첫 권만 나온 『위원회』(1968), 이 글들을 다시 수록한 두 권의 『리뷰』(11호, 1990; 33호, 1998)가 없었다면 『정치평론 1953~1993』이라는 책은 세상에 나오기 힘들었을 것이다. 2003년 『정치평론』을 단행본으로 처음 펴낸 곳도 잡지사 '리뷰'였다. 이후 이 책은 절판되었으며 우리가 한국어판의 모본으로 삼은 것은 2008년에 나온 갈리마르 출판사의 『정치평론 1953~1993』(Écrits Politiques 1953~1993)이다. 두 판본에 실린 글들은 크게 차이가 없다. 그러나 핵심적 차이라고 할 수 있다면 2003년본은 다양한 매체에 실제 발표된 글들을 찾아 모은 것이고 2008년본은 블랑쇼의 문서철에 보관된 원고들 중에서 가려 실은 것이라는 점이다. 블랑쇼 사후 그가 남긴 원고와 기록들에 직접 접근할 수 있는 권한을 부여받은 한 연구자의 흥분을 상상해 본다면 이해하기 어려운 일은 아니지만, 아무래도 블랑쇼 자필원고의 상태에 대한 세세한 주석들, 가필 정정된 잉크의 빛깔부터 글씨체에 대한 언급까지 지나치게 많은 주석들이 2008년본의 문제였다. 한국어 번역본에서는 본문의 소개에 필수적인 정보만을 간직하고 나머지 주석과 해설은 생략하였다. 각각의 글이 나오게 된 시대적·정치적 상황과 관련하여 필요한 경우에는 옮긴이주를 달았다. 2008년본은 실제 발표된 정치적 글들 외에 그 글들의 이본(異本)이나 초안에 해당하는 몇 편의 중복된 글들을 포함하고 있는데 대동소이한 글을 옮겨 군더더기를 만드는 일을 피하기 위해 한국어 번역본에서는 생략하였다. 이상이 『정치평론』의 출간과정이다.

책으로 출간되기 위해 쓰인 것이 아닌 글들, 운동 현장의 전단이나 회보, 선언서나 설문의 답변을 책으로 엮은 『정치평론』이 수많은 글의 조각들로 이루어진 것은 당연하다. 그러나 40년에 걸쳐 나온 그 많은 글들에서 우리가 한결같은 단 하나의 열망, 열림과 소통의 열망을 만나는 것은 오히려 놀라운 일이다. 모든 종류의 전체주의적 틀에 대해 강력한 탈-프로그래밍, 탈-코드화의 힘을 발휘하는 블랑쇼의 사유가 우리를 에워싼 시장전체주의와 경제 유일사상에도 작은 단층을 만들 수 있기를 희망하며 번역을 시작하였다. 진정한 혁명은 관계나 소통의 혁명이라고 믿었던 블랑쇼의 생각이 이 땅의 정치를 좀더 '바깥'으로 불러낼 수 있기를 희망하며 번역을 마쳤다. 인간의 관계가 힘이 작용하는 역학관계이기를 그치고 타자의 불가능성이 받아들여지는 소통이 되게 하려는 결정, 그것을 블랑쇼는 가장 강력한 의미에서 "정치적 긍정"이라고 부른다. 정치의 본질은 통치가 아니라 소통이라는 사실, 소통은 언제나 가장 힘없는 자,

타자와의 관계라는 것을 인정하는 것, 그것이 블랑쇼가 말하는 정치적 혁명의 시작이다.

고재정

모리스 블랑쇼 연보*

1907 9월 22일, 프랑스 손-에-루아르(Saône-et-Loire) 지방의 작은 마을
   켕(Quain)에서 출생. 부친이 개인 교습을 하는 교수였던 관계로, 파
   리에서 엘뵈프(Elbeuf)로, 라 사르트(La Sarthe)에서 샬롱(Chalon)으
   로 자주 이사를 할 수밖에 없었다.

1923 바칼로레아(대학입학자격고사) 수험. 십이지장 수술 중 발생한 감염
   사고로 건강이 악화. 그로 인해 대학 입학이 1년 늦어짐. 평생 건강이
   매우 좋지 않아 고통받음.

1925 스트라스부르 대학 입학. 전공은 철학과 독문학. 이곳에서 엠마누엘
   레비나스를 만남. 변함없는 우정이 시작되어 함께 독일 현상학을 공
   부하고, 프루스트와 발레리를 읽음.

1930 소르본에서 회의주의자들에 대한 석사 논문이 통과됨.

1931 생트-안(Sainte-Anne)에서 의학을 공부하기 시작함. 그러나 대학 생

---

*『마가진 리테레르』블랑쇼 특집호(*Magazine littéraire: L'énigme Blanchot*, no. 424,
2003/10)에 수록된 크리스토프 비딩이 쓴 블랑쇼 연보와 『뢰이 드 뵈프』블랑쇼 특집호
(*L'œil de bœuf: Maurice Blanchot*, no. 14/15, 1998/05)에 수록된 블랑쇼 연보 그리고 다
른 텍스트를 참조해 작성되었음.

활보다는 저널리즘에 관심을 갖게 됨. 프랑수아 모리악(François Mauriac)에 대한 평론을 발표(그로서는 처음으로 발표한 글). 티에리 모니에(Thierry Molnier)가 이끌고 있는, '악시옹 프랑세즈'(Action Française)의 청년 반대파와 특히 가까이 지내면서, 극우 신문들과 잡지들에 기고함. 소설을 쓰기 시작하나, 틀림없이 여러 번 그 원고들을 폐기함.

1933 정신혁명을 위한 반자본주의·반의회주의·반공산주의가 기본적인 모토들. 동시에 반게르만주의와 반히틀러주의의 입장에 섬. 나치의 수탈을 고발하는 유태인 민족주의자 모임에 가담. 친구 폴 레비가 주관하던 일간지 『르 랑파르』(Le Rempart, '성벽')에 유태인들을 강제 수용소에 처음으로 보낸 사건에 항거하는 기사를 씀. 정치에 일종의 정신성을 가져오기 위해 극우 노선에 섰지만, 블랑쇼가 지지했던 극우 사상은 이상주의(정신주의) 색채가 강했고, 당시의 나치주의와는 관계가 없었다.

1936 부친의 죽음. 장 드 파브레게스(Jean de Fabrèguez)와 티에리 모니에가 주관하던 월간지 『콩바』(Combat)에 기고함.

1937 『랭쉬르제』(L'Insurgé, '반란자')에 신랄한 정치 기사를 쓰는 동시에 문학 관련 기사를 쓰기 시작함. 그러나 1년 내에 두 가지 모두를 포기. 극우파를 위해 정치 기사를 쓰기를 그만둠. 장 폴랑(Jean Paulhan)과 처음으로 만남.

1940 『주르날 데 데바』(Journal des débats, '토론 신문')의 편집자로서, 보르도(Bordeaux)와 이어서 비시(Vichy)에서 파탄에 이를 정도로 약화된 정부를 지켜봄. 이후 모든 논설위원직을 그만둠. 국가에서 재정 지원을 받던 문화단체인 '젊은 프랑스'(Jeune France)에서 '문학'(Littérature)이라는 연구소를 이끎. 12월에 조르주 바타유를 만남.

1941 『주르날 데 데바』에 문학 기사를 쓰기 시작함. 가을에 첫번째 작품인 『토마 알 수 없는 자』 출간. 나치를 피해 레비나스의 부인과 딸을 피신시키고, 그녀들에게 보호처를 제공.

1942 소설 『아미나다브』 출간.

1943 디오니스 마스콜로의 요청으로, 『주르날 데 데바』에 실렸던 54편의 텍스트들을 모아 재수록한 평론집 『헛발』 출간. 마스콜로와의 교제 이후로 블랑쇼는 정치적 관점에서 점점 더 좌익으로 기울기 시작.

1944 자신이 출생한 집의 담벼락에서 총살형의 위기에 놓였으나, 레지스탕스의 선제공격으로, 간발의 차이로 구출됨. 블랑쇼는 이 기적적인 체험 이후로 덤으로 생존하고 있다는 느낌을 갖게 된다. 50년 후 이 체험을 바탕으로 『나의 죽음의 순간』을 쓰게 됨. "죽음 자체와 다르지 않은 이 감정만이, 보다 정확히 말해, 언제나 진행 중인 나의 죽음의 순간이 가져온 이 가벼움의 감정만이 남아 있을 것이다."(『나의 죽음의 순간』)

1946 『라르쉬』(L'Arche, '아치'), 『크리티크』(Critique, '비평'), 『레 탕 모데른』(Les Temps modernes, '현대') 등의 잡지에 기고하고, 여러 문학상 심사에 참여. 전후의 가장 중요한 비평가로 부각. 드니즈 롤랭(Denise Rollin)과의 연인 관계가 시작됨. 파리를 떠나 지중해 지역의 에즈(Eze) 마을에 정착. 그러나 이후에도 자주 파리에 머무름.

1946~1958 글의 형태가 보다 길고 압축적으로 바뀜. 1953년에는 『NNRF』 지에 매달 기고. 고유의 문학의 공간("끝날 수 없는 것"l'interminable, "끊임없는 것"l'incessant, "중성적인 것"le neutre, "바깥"le denors, "본질적 고독"la solitude essentielle)을 창조함. 1955년 『문학의 공간』 출간. 루이-르네 데 포레에 대해 쓴 글의 도입부에 나오는 "작은 방"에서 여러 소설들을 씀. 『하느님』(1948), 『죽음의 선고』(1948) 출간. 『토

마 알 수 없는 자』의 훨씬 간결해진 재판본 완성(1950). 『원하던 순간 에』(1951), 『나를 동반하지 않았던 자』(1953), 『최후의 인간』(1957) 출간. 1957년 모친 사망.

1958 파리로 돌아옴. 드골 장군의 "쿠데타"에 반대하면서 잡지 『7월 14일』 (Le 14 juillet)를 창간한 디오니스 마스콜로에게 편지를 씀. "당신에 게 저의 동의를 표명하고 싶습니다. 저는 과거도 현재도 받아들일 수 없습니다." 그 잡지 2호에 「거부」(Le Refus)를 발표(『우정』에 재수록). 로베르 앙텔므와 그의 부인 모니크와 가까워짐. 레지스탕스 활동 중 체포. 정치범으로 독일의 강제수용소에 수감되었던 앙텔므는 기아와 강제노역, 티푸스로 사경을 헤매다 구조되어 생환하였다. 수용소 체 험을 기록한 그의 『인류』(L'espèce humaine)는 블랑쇼를 포함한 많은 사람들에게 충격을 준다. 이후 블랑쇼는 앙텔므의 이 책에 관한 중요 한 글(「파괴될 수 없는 것」L'Indestructible)을 발표한다(『무한한 대화』 에 재수록). 또한 마르그리트 뒤라스, 루이-르네 데 포레, 모리스 나 도(Maurice Nadeau), 엘리오 비토리니(Elio Vittorini)와 지네타 비토 리니(Ginetta Vittorini)와 가까워짐.

1960 알제리에서의 불복종운동을 지지하기 위한 121인의 선언. 블랑쇼는 마스콜로·쉬스테르와 함께 그 선언의 주요 기안자였음. 마스콜로· 비토리니와 함께 『국제잡지』를 창간할 계획을 세움. 뷔토르(Butor), 데 포레, 뒤라스, 레리스(Leiris), 나도, 칼비노(Calvino), 파졸리니 (Pasolini), 바흐만(Bachmann), 그라스 등이 회합에 참석. 샤르, 주네 (Genet)와 같은 다른 이들은 원고를 넘김. 4년 후 그 계획이 무산되 어 실의에 빠짐.

1962 단상 형식으로 쓰어진 첫번째 작품 『기다림 망각』 출간. 조르주 바타 유 사망. 사라진 친구에게 바치는 「우정」이라는 글을 발표(『우정』에 재수록). "우리가 한 모든 말들은 단 하나를 긍정하는 데에로 나아간 다. 즉 모든 것이 지워져야 한다는 것. 우리 안에 있으면서 모든 기억

을 거부하는 어떤 것이 이미 따라가고 있는 이 움직임에, 지워져 가는 이 움직임에 주목함으로써만 우리가 충실한 자로 남아 있을 수 있다는 것."(『우정』)

1964 자크 데리다(Jacques Derrida)에게 처음으로 편지를 씀. 계속 이어진 편지 교환의 시작.

1966 잡지 『크리티크』가 그에 대한 최초의 특집호를 발간. 샤르, 콜랭, 드 만(de Man), 푸코, 라포르트, 레비나스, 페페르(Pfeiffer), 풀레(Poulet), 스타로뱅스키(Starobinski)의 텍스트들이 실림. 푸코의 「바깥의 사유」(La Pensée du dehors)가 특히 반향을 불러일으킴. 엘리오 비토리니의 죽음. '베트남민중 지지 위원회'의 설립에 기여.

1968 68혁명. 거리 시위에 참가하고, 전단지를 만들고, 학생-작가 행동위원회의 회합을 주재함. 익명으로 잡지 『위원회』(Comité)의 창간호이자 마지막 호에 반 이상의 기사를 씀. 그것은 이후에 잡지 『리뉴』 33호(Lignes: avec Dionys Mascolo, du Manifestes des 121 à Mai 68, 1998년 3월)에 마스콜로의 글들과 함께 재수록됨.

1969 후기 사상을 가장 정확하게 보여 주는 주저이자 가장 철학적인 텍스트인 『무한한 대화』 출간. 이 책에는 타자에 대한 고유의 사유가 집약적으로 드러나 있으며, 레비나스, 니체, 바타유, 사무엘 베케트(Samuel Beckett), 독일 낭만주의, 사드, 프로이트, 헤라클레이토스, 알베르 카뮈(Albert Camus), 랭보(Rimbaud), 앙토냉 아르토(Antonin Artaud) 등에 대한 논의가 담겨 있음.

1970 여러 이유로 건강 상태가 심각해짐.

1972 파울 첼란(Paul Celan)에 대한 글을 씀. 그것은 나중에 단행본으로 출간됨(『최후에 말해야 할 사람』).

1973 단상 형식으로 쓴 두번째 작품 『저 너머로의 발걸음』 출간.

1978 1월 형 르네(René)와 드니즈 롤랭이 연이어 사망.

1980 단상 형식의 세번째 작품 『카오스의 글쓰기』 출간. 홀로코스트에 대한 반성에서 나온 극적인 철학적 성찰. 이 책에도 블랑쇼의 후기 사상이 잘 나타나 있음.

1983 장-뤽 낭시의 논문 「무위의 공동체」에 대한 화답으로 쓴 『밝힐 수 없는 공동체』 출간. 낭시의 그 논문 역시 나중에 자신의 다른 글들을 모아 단행본으로 출간됨. 드물게 글을 쓰게 됨. 소책자들, 재판본들, 서문들, 질문들에 대한 응답들, 공개서한들, 정치적 개입들.

1986 『내가 상상하는 대로의 미셸 푸코』 출간.

1990 로베르 앙텔므 사망.

1995 엠마누엘 레비나스 사망. 뒤이어 1996년 마르그리트 뒤라스 사망. 1997년 디오니스 마스콜로와 형 르네의 죽음 이후로 함께 살아왔던 형수 볼프(Wolf) 사망.

1996 『의문에 부쳐진 지식인들』 출간. 자신과 동료들에 대해 드러내 놓고 언급한 적이 거의 없었던 블랑쇼가 이 책에서는 자신의 시대와 그 인간들에 대해 상당히 직접적인 견해를 내놓고 있다.

2003 블랑쇼, 2월 20일 사망. 4일 후 장례식에서 자크 데리다는 추도문 「영원한 증인」을 낭독함.

2004 파리 퐁피두센터는 1월부터 6월까지 블랑쇼를 추모하기 위한 회합을 주재.

2007 블랑쇼 탄생 100주년을 기념하여 7월 2~9일에 스리지-라-살 (Cerisy-la-Salle)에서 '콜로그 모리스 블랑쇼'가 열림.

2008 『정치평론 1953~1993』 출간

모리스 블랑쇼 저작목록

『토마 알 수 없는 자』(*Thomas l'obscur*, Gallimard, 1941 초판).

『어떻게 문학이 가능한가?』(*Comment la littérature est-elle possible?*, José Corti, 1942).

『아미나다브』(*Aminadab*, Gallimard, 1942).

『헛발』(*Faux Pas*, Gallimard, 1943).

『하느님』(*Le Très-Haut*, Gallimard, 1948).

『죽음의 선고』, 고재정 옮김, 그린비 근간(*L'Arrêt de mort*, Gallimard, 1948).

『불의 몫』(*La Part du feu*, Gallimard, 1949).

『로트레아몽과 사드』(*Lautréamont et Sade*, Minuit, 1949, 1963 재판).

『토마 알 수 없는 자』 개정판(*Thomas l'obscur*, Gallimard, 1950).

『원하던 순간에』(*Au moment voulu*, Gallimard, 1951).

『영원한 되풀이』(*Ressassement éternel*, Minuit, 1951).

『나를 동반하지 않았던 자』(*Celui qui ne m'accompagnait pas*, Gallimard, 1953).

『문학의 공간』, 이달승 옮김, 그린비 근간(*L'Espace littéraire*, Gallimard, 1955).

『최후의 인간』(*Le Dernier homme*, Gallimard, 1957).

『라스코의 짐승』(*La Bête de Lascaux*, G.L.M., 1958. Fata Morgana, 1982 재판).

『다가올 책』, 심세광 옮김, 그린비 근간(*Le Livre à venir*, Gallimard, 1959).

『기다림 망각』, 박준상 옮김, 그린비, 2009(*L'Attente l'oubli*, Gallimard, 1962).

『무한한 대화』(*L'Entretien infini*, Gallimard, 1969).

『우정』, 박규현 옮김, 그린비 근간(*L'Amitié*, Gallimard, 1971).

『낮의 광기』(*La Folie du jour*, Fata Morgana, 1973).

『저 너머로의 발걸음』, 이재형 옮김, 그린비 근간(*Le Pas au-delà*, Gallimard, 1973).

『카오스의 글쓰기』, 박준상 옮김, 그린비 근간(*L'Écriture du désastre*, Gallimard, 1980).

『카프카에서 카프카까지』(*De Kafka à Kafka*, Gallimard, 1981).

『이후에』(*Après coup*, Minuit, 1983, 『영원한 되풀이』*Le ressassement éternel* 재수록).

『베를린이라는 이름』(*Le Nom de Berlin*, Merve, 1983).

『밝힐 수 없는 공동체』(*La Communauté inavouable*, Minuit, 1983).

『최후에 말해야 할 사람』(*Le Dernier à parler*, Fata Morgana, 1984).

『내가 상상하는 대로의 미셸 푸코』(*Michel Foucault tel que je l'imagine*, Fata Morgana, 1986).

『사드와 레티프 드 라 브르통』(*Sade et Restif de la Bretonne*, Complexe, 1986).

『로트레아몽에 대하여』(*Sur Lautréamont*, Complexe, 1987, 줄리앙 그락Julien Gracq과 르 클레지오Le Clézio의 텍스트 포함).

『조에 부스케』(*Joë Bousquet*, Fata Morgana, 1987, 블랑쇼에 대한 조에 부스케의 텍스트 포함).

『다른 곳으로부터 온 어떤 목소리』(*Une voix venue d'ailleurs: sur les poèmes de Louis René des Forêts*, Ulysse Fin de Siècle, 1992).

『나의 죽음의 순간』(*L'Instant de ma mort*, Fata Morgana, 1994).

『의문에 부쳐진 지식인들』(*Les Intellectuels en question*, Fourbis, 1996).

『우정을 위하여』(*Pour L'amitié*, Fourbis, 1996).

『앙리 미쇼 또는 갇히기를 거부하기』(*Henri Michaux ou le refus de L'enfermement*, Farrango, 1999).

『정치평론 1958~1993』(*Écrits politiques 1958~1993*, Éditions Lignes & Manifestes, 2003).

『"토론지"의 문학 시평들: 1941년 4월~1944년 8월』(*Chroniques littéraires du "Journal des débats" : Avril 1941~août 1944*, Gallimard, 2007).

『정치평론 1953~1993』, 고재정 옮김, 그린비, 2009(*Écrits politiques: 1953~1993*, Gallimard, 2008).

찾아보기